FACILITADOR DE EQUIPOS ÁGILES

EL CAMINO DE UN COACH HACIA LA AGILIDAD
EMPRESARIAL

MARTIN ALAIMO

MTN LABS LLC

Primera edición: mayo de 2016

Segunda edición: febrero de 2019

Tercera edición: enero de 2021

Edición y corrección de estilo: Alejandra Bello - www.mundo-bello.com

Ilustraciones interiores: Martín Alaimo

Este libro se publica en una variedad de formatos. Parte del material que se incluye con las versiones impresas de este libro pueden no incluirse en las versiones electrónicas.

A menudo sucede. Abres un libro y descubres que el autor lo ha dedicado a alguien más. No quiero que sea el caso.

Quiero invitarte a recorrer un camino juntos. A que conversemos, intercambiemos ideas, pensemos posibilidades y logremos crear juntos un mejor mundo empresarial.

Este libro se lo dedico a tu ser Facilitador. Si él ya está allí, bienvenido sea. Sino, busquémoslo juntos.

ÍNDICE

1

INTRODUCCIÓN

> *Que las tiras cómicas de Dilbert se hayan convertido en íconos culturales dice mucho sobre el grado en que las organizaciones pueden transformar el trabajo en algo miserable y carente de sentido. (Laloux, 2014)*

Desde hace varios años, y cada vez con mayor intensidad, creo que la vida en las organizaciones tradicionales está llegando a su fin. No importa con quién hable, desde el empleado más nuevo hasta el gerente con mayor rango, pasando por el cliente más importante, percibo más desilusión que entusiasmo. Con un escenario así, no es raro que un movimiento como el de la Agilidad haya encontrado un terreno fértil para su desarrollo.

También me encuentro con organizaciones que pretenden adoptar un modelo ágil, como si se tratara simplemente de conectar un pen drive, sin considerar los cambios culturales necesarios para poder transformar los paradigmas históricos de una empresa en esta nueva forma de entender el mundo del trabajo y los negocios.

En estos casos, hace falta comprender que un contexto laboral apasionante, inspirador, innovador y disruptivo no se alcanza imitando las propuestas de la Agilidad en organizaciones tradicionales. Antes que eso, considero necesario atender dos cuestiones claves para cultivar el paradigma ágil:

- La obsolescencia de la figura del jefe tal como la conocemos.
- La necesidad de desarrollar un liderazgo ágil y servicial.

No más jefes

 Jefe: *Persona que manda sobre otras.*

R. A. E.

Puede sonar fuerte, puede sonar radical y hasta puede sonar pretencioso; es algo que he descubierto a lo largo de estos casi 14 años de contacto con la agilidad empresarial y que considero uno de los aspectos más fundamentales que me propongo recorrer en esta serie de libros: si no asumimos que el rol del jefe es funcional a paradigmas más tradicionales y que en un ecosistema ágil resulta obsoleto, tarde o temprano, nos estaremos preguntando por qué nuestra organización no obtiene los beneficios propios de este nueva forma de ver el mundo del trabajo.

En una cultura ágil las personas ya no están al servicio de un líder-jefe que les dice qué hacer y cómo hacerlo, y que les da un espacio de opinión pero sin posibilidad de voto. En Agilidad las personas se encuentran apoyadas y apalancadas por un líder-servicial que genera contextos para que cada uno de los equipos de trabajo encuentre su punto óptimo de autonomía responsable, crecimiento y consciencia dentro de su ecosistema de trabajo.

Líderes ágiles

Estoy convencido que el segundo factor más importante en toda cultura ágil es el comportamiento de los líderes de la organización.

La forma más poderosa de comunicar sus creencias, convicciones e intenciones es a través de aquello a lo que sistemáticamente le prestan atención (Schein, 2010). Si una organización pretende ser ágil, necesita que todos sus líderes piensen y actúen de manera ágil. Ya sea en las reuniones, en el trato con los proveedores, en el tipo de reconocimiento hacia los demás, en la forma en la que planifican, etc. De otra forma, estarán transmitiendo un mensaje contradictorio.

De hecho, los **mecanismos primarios** a través de los cuales se determina la cultura de una organización se relacionan con el comportamiento de sus líderes (Schein, 2010), por ejemplo:

- Aquello a lo que prestan atención, miden y controlan de forma sistemática.
- Su reacción frente a los incidentes críticos y las crisis en la organización.
- La asignación de recursos que hacen.
- La enseñanza y el coaching que ejercen.
- El diseño de las recompensas y el *status*.
- La forma en la que reclutan, seleccionan, promueven y excluyen a las personas.

Otros mecanismos funcionan como **factores secundarios** o de refuerzo, entre ellos:

- El diseño y la estructura organizacional.
- Los sistemas y procedimientos de la organización.
- Los rituales de la organización.
- El diseño del espacio físico: fachadas e interiores.
- Las historias sobre eventos y personas importantes.
- Las declaraciones formales de la filosofía de la organización, sus creencias (visión, misión, valores) y la constitución o los estatutos.

*La cultura de una organización
está determinada por
la conducta de sus líderes.*

Coaching ágil: una profesión

En el mundo empresarial se están produciendo profundos cambios, no sólo en la forma de hacer negocios, sino también en las formas de estructurar empresas, liderar equipos y gestionar el trabajo.

En sintonía con estos cambios se ha ido consolidando un rol fundamental: el **coach ágil**, como facilitador, catalizador y agente del cambio. Este nuevo rol ha dado lugar a una profesión emergente.

En los últimos años, el coaching ágil como disciplina, ha ido tomando relevancia y cada vez más profesionales se suman a ella. Han surgido referentes, teorías y propuestas varias que se ocupan de diferentes aspectos y áreas de desempeño.

Estas son algunas de las personas que me han inspirado a través de su trabajo, nuestra colaboración, nuestras conversaciones o intercambio de ideas. Para nombrar sólo algunos de ellos: Mike Cohn, Lyssa Adkins, Tobias Mayer, Olaf Lewitz, Juan Gabardini, Pablo Tortorella, Pete Behrens, Hiroshi Hiromoto, Roger Brown, Diana Larsen, Esther Derby; así como muchos otros que también han contribuido de manera significativa a este movimiento.

Cada vez que me involucro como coach ágil en una organización veo que suceden cosas maravillosas. No sólo en la empresa, sino también conmigo mismo como persona. Puedo decir que amo esta profesión y disfruto mucho haciendo lo que hago. Pero no siempre todo es color de rosa. A lo largo de estos años he observado tres cuestiones que me llaman poderosamente la atención:

- Con frecuencia las personas que se inician en el mundo de la agilidad me preguntan cuáles creo yo que son los pasos a seguir a la hora de formarse como profesional.
- También, y con similar frecuencia, encuentro a profesionales del coaching ágil con quienes no comparto conceptos, habilidades, herramientas y juicios a la hora de discutir casos, situaciones o, lo que para mí es más importante, a la hora de realizar coaching ágil en una organización.

- En los últimos años, sólo el 40% de los candidatos lograron obtener la certificación a *Certified Enterprise Coaches* (*CECs*) de la *Scrum Alliance*[1] (Behrens, 2011).

Creo que la razón común a estas tres cuestiones es que aún falta un entendimiento profundo por parte de los profesionales dedicados al ámbito ágil, de las responsabilidades, las habilidades y la formación que requiere una persona para desempeñarse como coach ágil.

Hoy en día, tengo la impresión que cada nuevo coach ágil que nace, lo hace con su propia concepción de la profesión. Así es que hay entrenadores en metodologías ágiles, consultores, mentores, facilitadores, consejeros, evaluadores, gerentes de proyectos, todos roles que hacen las cosas de maneras muy diferentes, aunque todos se autodenominan *coaches ágiles*.

Debido a esta dispersión, me propuse trazar un posible camino para que un profesional en agilidad empresarial pueda incorporar los conocimientos y las habilidades que requiere el ejercicio de esta hermosa profesión.

Coaching Ágil: una propuesta

A continuación te comparto una propuesta sobre lo que puede ser y lo que no puede ser el coaching ágil. Para ello, lo asumo como una extensión del coaching profesional y tomo la definición de la *International Coach Federation* (ICF)[2].

La ICF define el coaching como asociación con los clientes en un proceso que invita a la reflexión y la creatividad, que los inspira a maximizar su potencial personal y profesional, lo cual es particularmente importante en el entorno incierto y complejo de hoy. Los coaches honran al cliente como el experto en su vida y su trabajo y creen que cada cliente es creativo, ingenioso y completo. Sobre esta base, la responsabilidad del coach es:

- Descubrir, clarificar y alinearse con lo que el cliente quiere lograr

- Animar al cliente a su autodescubrimiento
- Obtener soluciones y estrategias generadas por el cliente
- Sostener al cliente como el responsable y partícipe

Este proceso ayuda a los clientes a mejorar dramáticamente su visión de la vida laboral, al tiempo que mejoran sus habilidades de liderazgo y desbloquean su potencial.

A la vez, me apoyo en la visión de Adkins que considera al coaching ágil como un conjunto de disciplinas afines: facilitación, mentoring, coaching y formación (Adkins, 2010).

El coaching ágil no es sólo transmitir conocimientos

En una relación de docente-alumno, se supone que el primero tiene el conocimiento sobre una determinada disciplina y el segundo está interesado en incorporar dicho conocimiento. Una relación así planteada implica la transferencia de conocimiento de una persona a otra u otras.

Muchas veces, (por suerte cada vez menos)[3] suele haber una diferencia de jerarquía entre el docente, que se considera superior, y la persona que aprende, que se encuentra en una posición de inferioridad en dicha relación. Quien aprende adopta, en muchos casos, una postura pasiva y expectante en su relación con quien enseña, que desempeña un rol más activo.

La materia prima de este tipo de enseñanza es el conocimiento: aquello que el docente conoce y que el alumno desconoce.

A diferencia de esta forma de enseñanza tradicional, en el coaching profesional no existen diferencias de jerarquías. El coach y su cliente están a la misma altura.

 En el coaching ágil cliente y coach están a la misma altura.

El coaching ágil no es sólo consultoría

La relación que existe entre un consultor y su cliente se basa principalmente en las soluciones que el consultor puede aportar para ayudar a resolver problemáticas o necesidades del cliente.

El consultor suele ser una persona experta y con mucho conocimiento acerca de un área específica. Se puede considerar que la relación se establece a partir de las soluciones que el consultor es capaz de proveer y que, muchas veces, se encarga de implementar.

A diferencia de este tipo de consultoría, el coaching no pretende proveer soluciones a las problemáticas del cliente, sino asistirlo en la observación de su contexto desde nuevas perspectivas que le permitan encontrar sus propias y más genuinas soluciones.

 El coaching ágil ayuda al cliente a observar su contexto desde nuevas perspectivas.

Coaching ágil no es sólo mentoring

La relación que existe entre el mentor y el *mentee* es una relación basada en la experiencia que el primero tiene sobre cierto tema y que puede utilizar para guiar y acompañar al segundo, de forma tal que el *mentee* desarrolle las habilidades deseadas a través de su puesta en práctica. El elemento sobre el que se construye esta relación es la experiencia que el mentor tiene y transmite.

A diferencia del mentoring, el coaching no pretende dar el ejemplo desde la experiencia, sino desafiar constantemente las creencias, perspectivas y el sentido común del cliente.

 El coaching ágil desafía las creencias del cliente.

Coaching ágil no es solo facilitación

La facilitación agrupa todas las actividades y tareas que realiza el facilitador para que un determinado grupo de personas que se reúnen con un propósito en común [tomar decisiones, resolver problemas, intercambiar ideas e información] lleven adelante una reunión productiva.

El facilitador asiste al grupo de personas a encauzar las conversaciones colectivas. No conduce el grupo, ni tampoco trata de distraer o entretener. Aquello en lo que se basa esta relación es la dinámica que el facilitador genera en el grupo de personas.

A diferencia de la facilitación, el coaching no pretende ayudar a un grupo de trabajo a ejecutar una reunión de forma efectiva y colaborativa, sino que está enfocado en individuos y equipos de personas concentrados en auto-descubrirse y lograr aprendizajes que amplíen sus posibilidades.

> *El coaching ágil se enfoca en personas y equipos que quieren aprender y ampliar posibilidades.*

El camino de un coach hacia la agilidad empresarial

Mi propuesta es considerar esta profesión como una extensión del coaching profesional y un camino integrado por diferentes etapas.

Para trazar este camino que considero que un coach ágil puede recorrer, me baso en el *road map* propuesto por el Consorcio Internacional para la Agilidad (ICAgile)[4] y complemento este enfoque con apreciaciones personales.

A continuación presento el camino que propongo e invito a recorrer.

1. Scrum Master

La gran mayoría de los profesionales que se inician en el mundo de la agilidad como modelo de trabajo, lo hacen a través del marco conocido como *Scrum*. El *Scrum Master* es quien fomenta un uso significativo de *Scrum* en el equipo. Me gusta denominar a esta etapa como "estación cero" para destacar que este es el comienzo del camino para un coach ágil. La profesión va mucho más allá del conocimiento y la correcta aplicación de *Scrum*.

> *Ser Scrum Master es el comienzo del camino para un*
>
> *Coach Ágil.*

2. Facilitador de equipos ágiles

También hay muchos profesionales que ingresan a la agilidad por medio de otras metodologías, herramientas o marcos de trabajo. No es posible denominarlos *Scrum Masters* porque no están vinculados con *Scrum*. De todas formas, el facilitador de equipos ágiles ha desarrollado habilidades de facilitación, de apoyo para la toma de decisiones participativa, para la resolución de conflictos y para la auto-organización. Si este profesional partió de la estación cero, entonces se desempeña como *Scrum Master* y, además, ha incorporado todas estas habilidades en su caja de herramientas.

El facilitador trabaja con uno o dos equipos ágiles en los

cuales facilita actividades y no es responsable o aún no está calificado para llevar adelante iniciativas de transformación ágil.

 El facilitador de equipos ágiles trabaja con uno o dos equipos.

3. Coach Ágil

Un coach ágil es un facilitador de equipos ágiles que ha alcanzado un nivel experto en Agilidad. Ha desarrollado habilidades más avanzadas de facilitación, de training y mentoring, y a la vez, sabe diferenciar claramente entre estas disciplinas.

Además de sus habilidades de facilitador, mentor y líder, ha incorporado habilidades como coach profesional. Su foco se eleva al trabajo con múltiples equipos y se apoya en esta familia de disciplinas:.

Un coach ágil brinda coaching y mentoring a *Scrum Master*s y facilitadores de equipos ágiles. Su foco está en la relación que existe entre diferentes equipos de un mismo departamento o área dentro de una organización y ha desarrollado suficiente experiencia como para iniciar la transformación de equipos hacia la agilidad.

Este nivel es un posible destino de carrera profesional para muchos coaches ágiles (Adkins, 2010). En las palabras del *Agile Coaching*

Institute, "si contáramos con coaches ágiles más calificados, la Agilidad sería mucho más saludable"[5].

> *El foco del coach ágil está en la relación que existe entre diferentes equipos.*

4. Coach ágil empresarial

En este nivel el coach ágil ha incorporado habilidades sistémicas: es capaz de escuchar la conversación a nivel organizacional, de hacer coaching ejecutivo al equipo de liderazgo de la organización y de identificar diferentes culturas organizacionales. Conoce los patrones de gestión del cambio cultural y puede facilitar estrategias para trabajar la resistencia organizacional.

Un coach ágil empresarial trabaja con niveles más operativos y estratégicos, *Scrum Masters*, facilitadores, gerentes, ejecutivos y c-levels.

> *Un coach ágil empresarial es capaz de trabajar en cualquier nivel de una organización.*

Generación de evidencia

En cualquiera de estas etapas, el profesional genera continuamente evidencia ante la comunidad (colegas y organizaciones) la cual hace que se lo considere suficientemente experto como para abordar un determinado nivel. Si bien realizar cursos y talleres genera un aporte significativo, no es suficiente para alcanzar un nivel experto. Para ello, será necesario que experimente, haga y comparta.

Mi propósito, una confesión.

Gracias a una serie de conversaciones que tuve durante Agile 2014 en Orlando, con Gustavo Quiroz, Roger Brown, Lyssa Adkins, Luis Mulato, Hiroshi Hiromoto, Michael Sahota, Dhaval Panchal, Pete Behrens y Claudia Sandoval creo haber descubierto una nueva dimensión en mi propósito sobre la Agilidad. Sigo creyendo que necesitamos organizaciones más humanas, trabajadores más felices y contextos de mayor innovación. Y también creo que necesitamos levantar la vara de las expectativas que tenemos sobre los coaches ágiles. Por lo tanto, a partir de ahora, me he propuesto involucrarme activamente para contribuir a que el coaching ágil se transforme en una profesión en sí misma y, de esta manera, haya más y mejores coaches ágiles.

Es en este sentido que he decidido dar inicio a esta serie de publicaciones que tratarán sobre los diferentes aspectos que hacen a la profesión del coach ágil.

Este libro centrado en el facilitador de equipos ágiles es el segundo volumen de una colección que tratará los siguientes temas:

- Volumen 1: Scrum y algo más
- Volumen 3: Agile Coach Profesional
- Volumen 4: Coach en agilidad empresarial
- Volumen 5: Coach de ejecutivos ágiles
- Volumen 6: Entrenador en agilidad

Te invito a visitar el sitio web del *Agile Coaching Path*[6] y suscribirte a la lista de novedades para conocer las fechas de lanzamiento de las futuras publicaciones.

Contenidos del libro

Este segundo volumen se concentra en el rol del facilitador de equipos ágiles, entendido como el primer paso en el desarrollo del coach en agilidad empresarial.

El **capítulo 1** se adentra en la disciplina de la facilitación y en el rol del facilitador. Aquí se presentan sus responsabilidades ante el equipo que facilita.

El **capítulo 2** trata sobre la organización y el diseño de espacios colaborativos, con foco en la estructura y el espacio físico de las reuniones de equipo.

En el **capítulo 3** se presentan herramientas gráficas que se pueden utilizar a la hora de facilitar conversaciones de equipo. Aquí expertos en el tema comparten sus experiencias, recomendaciones y aprendizajes.

El **capítulo 4** se centra en la facilitación de los procesos colaborativos. Se presenta un modelo de abstracción de una conversación colaborativa, herramientas y técnicas posibles de utilizar en cada etapa y para diferentes objetivos.

El **capítulo 5** se orienta de lleno en la facilitación del inicio de un proyecto ágil. Allí se presentan aspectos importantes a tener en cuenta, acompañados de recomendaciones que sientan las bases de todo proyecto.

En el **capítulo 6** se presentan prácticas, técnicas, herramientas y recomendaciones para facilitar los eventos dentro de un *sprint*, entre ellos: la planificación y la facilitación de reuniones diarias, de revisión y retrospectivas.

El **capítulo 7** presenta un modelo de aprendizaje y una propuesta de autoevaluación para que cada uno revise su práctica y estadio de competencia en lo que, a mi entender, hace a un facilitador de equipos ágiles.

Ahora sí, te invito a que nos adentremos de lleno al mundo de la facilitación de equipos ágiles. ¡Allá Vamos!

2

LA FACILITACIÓN

Leonardo fue mi jefe en uno de mis primeros trabajos. Recién se había iniciado la década del 2000 y yo daba mis primeros pasos en agilidad. En aquel momento conocía Extreme Programming (XP) y otros enfoques algo más aislados, pero desconocía la existencia de Scrum.

También recuerdo haber conocido, por aquella época, a la facilitación y haber fallado al presentarle a Leonardo la propuesta de contar con un facilitador en uno de los equipos, por no haber tenido muy claro de qué se trataba.

Con los años y la práctica fui aprendiendo y refinando mi conocimiento y comprensión de la facilitación y mi práctica como facilitador.

La facilitación

Cuando en una organización se utilizan metodologías ágiles, por lo general, los equipos funcionan de manera auto-organizada y cuentan con un líder-facilitador.

El facilitador puede ser comparado con una partera, que asiste durante el proceso de creación pero no produce el resultado (Bressen, 2005-2007).

> **La facilitación de grupos**: *es un proceso por el cual una persona, cuya elección es aceptada por todos los miembros del grupo, que es neutral y no tiene autoridad sustancial en la toma de decisiones, diagnostica e interviene para ayudar al grupo a identificar y resolver sus problemas y tomar decisiones y, para así, aumentar su efectividad. (Schwarz , 2002)*

Esta definición plantea una paradoja: quien facilita guía el proceso y, en tanto guía, se le otorga autoridad. Esta autoridad delegada por el equipo y asumida por el facilitador, a veces, por confusión es utilizada para interferir en el resultado. Esto suele suceder cuando el facilitador también es el líder del equipo. Por esta razón, es tan importante que al facilitar, actuemos con integridad y utilicemos esa autoridad delegada exclusivamente para guiar el proceso de conversación dentro del equipo de trabajo.

Alerta: la autoridad delegada y asumida por el facilitador a veces, por confusión, es utilizada para interferir en el resultado.

La facilitación es arte, intuición, habilidad y ciencia. Cualquier persona puede desarrollarse como facilitador, sólo se necesita práctica y atención.

A continuación te invito, a conocer la puesta en práctica de los principios de la facilitación a partir del rol de facilitador.

Responsabilidades del facilitador

La principal responsabilidad del facilitador de un equipo ágil es velar por el proceso de comunicación. Esto implica:

- Honrar el diálogo sobre el monólogo, el intercambio de ideas y que las conversaciones grupales mantengan su sentido.
- Ayudar a los participantes con el establecimiento y el respeto de sus acuerdos de trabajo.
- Descomponer tópicos grandes o complejos en otros más pequeños y gestionables.

- Acompañar a los participantes a navegar los conflictos.
- Coordinar las conversaciones, especialmente aquellas con muchos participantes.
- Parafrasear y ayudar a clarificar cuando el aporte de un participante no resulta claro para el resto del equipo.
- Hacer visible la información y el proceso de toma de decisiones en *flipcharts*, láminas, y dibujos.
- Ofrecer un espacio adecuado, de confianza y con las características requeridas para llevar a cabo las dinámicas de trabajo.
- Estar atento a las emociones de los participantes y a los cambios en el estado de ánimo del equipo.

A partir de mi experiencia personal y práctica como facilitador, he identificado otras responsabilidades que presento a continuación.

Anticiparse

La responsabilidad del facilitador comienza mucho antes del inicio de las reuniones o eventos del equipo a facilitar.

Cuando miro mis experiencias reconozco que he logrado mejores resultados aquellas veces que fui preparado que aquellas que no lo había hecho. Si bien hay algunos equipos de personas que no necesitan una agenda de reunión con anticipación, este no siempre es el caso.

Hay equipos que necesitan conocer los temas, el orden, la duración, quién es el expositor en cada caso y cuál es el objetivo de cada tópico, por citar algunos requerimientos. Por eso, es importante contar con aquello que el equipo necesite y si se desconoce, siempre se puede preguntar.

Recomiendo realizar actividades de pre calentamiento con el equipo, por ejemplo: entrevistas, lecturas, investigaciones , etc. El objetivo de estas actividades es generar conexiones entre los participantes, con la información y con los temas a tratar.

Si los temas pueden generar controversias es aconsejable mantener una reunión previa con los miembros del equipo para conocer sus expectativas y el alcance de las posibles opiniones contrapuestas.

Parte de esta planificación de alto nivel implica identificar posibles dinámicas a utilizar en cada uno de los tópicos. Más adelante se presentan diferentes tipos de dinámicas que podrás utilizar en las reuniones que facilites.

Así como creo en la importancia de la preparación, también creo que es más importante no apegarse al plan que se tenga en mente. El plan no es valioso. Lo valioso es la actividad realizada previamente al planificar la facilitación. El plan solo brinda la posibilidad de contar con un punto a donde volver. No sabemos si es un lugar seguro pero, al menos, es una referencia en caso que el proceso se torne caótico.

 No es el plan lo que importa, sino la planificación. Dr. Graeme Edwards

Procurar condiciones y recursos

Facilitar una reunión no se trata sólo de llegar y asegurar que exista una conversación valiosa. Es muy importante que esa conversación suceda en un espacio cuidado.

La anticipación también implica asegurar que el espacio a utilizar esté disponible y desocupado. Esto evita la incomodidad que genera llegar a la sala y encontrarla sucia u ocupada por otras personas.

La temperatura agradable y la buena luz son factores importantes. Por ejemplo, la luz natural es mucho mejor que la luz artificial. En mi experiencia he verificado una excepción a esta regla: si la reunión es inmediatamente después de la hora de almuerzo, la luz solar directa ejerce un fuerte efecto de adormecimiento sobre los participantes, mucho más que la luz artificial.

Si bien todos los equipos son diferentes y el contenido de la agenda y las dinámicas también ejercen un fuerte efecto es importante tener en cuenta aspectos ambientales como luz y temperatura y probarlos antes de la reunión.

Un pequeño consejo que aplica siempre y que es especialmente efectivo en estos casos, consiste en mantener a los participantes en movimiento, ya sea a través de diferentes actividades o, simplemente, realizando estiramientos musculares a intervalos regulares.

> *El ejercicio físico aumenta el flujo de oxígeno al cerebro (...). un aumento de oxígeno siempre está acompañado por un aumento en la agudeza mental. Dr. John Medina*[1]

Las conversaciones que van más allá de lo verbal agregan mucho más valor. Escribir, dibujar y poner el cuerpo en movimiento es de gran ayuda. Para esto, hay que disponer de *flipcharts*, marcadores, láminas, notas autoadhesivas y un espacio amplio.

No hay nada menos motivador para tener conversaciones significativas que un espacio reducido, donde solo es posible hablar debido a la ausencia de recursos adicionales.

Servir al equipo

El rol de facilitador de equipo da poder y, al mismo tiempo, lo quita.

Da poder para intervenir tanto en el proceso como en las emociones de las conversaciones. A la vez, quita el poder de intervenir en el contenido. Por eso, desde mi punto de vista, es importante que el facilitador no sea un integrante del equipo.

Si el facilitador es parte del equipo y quiere intervenir en el contenido, existe la alternativa de expresar explícitamente el cambio de rol antes de hacerlo y, luego, al finalizar su intervención, volver a enunciar su regreso al rol de facilitador.

Personalmente no he tenido buenas experiencias en estos casos y recomiendo que si en el rol de facilitador te ves entrando y saliendo varias veces, delegues la facilitación en otra persona y te involucres como participante interesado en el contenido.

Escuchar imparcialmente

En Agilidad, toda reunión es una conversación de toma de decisiones participativa. Al finalizar existirá una decisión, un compromiso o un acuerdo, un resultado que se construye en conjunto y en el que cada uno ha contribuido con una pequeña parte. En este proceso de construcción se encontrarán partes incompletas y partes más completas. Ideas más cerradas o ideas más voladas. Lo que no puede faltar es el combustible del resultado: ideas para debatir y explorar. Por esta razón, es importante que todos participen y aporten, incluidos aquellos que creen que no agregan valor.

Parte importante de la responsabilidad del facilitador es asegurar que todos se sientan escuchados y expresen sus ideas.

Si algún miembro del equipo permanece callado, podemos preguntarnos a nosotros mismos: ¿Qué estará pasando que no participa? ¿Cómo estará viviendo la confianza y la seguridad en esta reunión?

La solución más directa en estos casos es preguntarle a esta persona su opinión. Si bien es la forma más directa no necesariamente sea la mejor manera de abordar la situación, ya que la persona se puede sentir insegura y ponerse a la defensiva.

Más adelante presento varias alternativas para atender esta situación con formas más gentiles y menos directas, que he probado y con las cuales me siento más cómodo.

Si un miembro del equipo repite varias veces la misma idea, suelo preguntarme: ¿Qué es lo que está faltando para que se sienta escuchado? Yo prefiero pensar que las personas repiten sus ideas una y otra vez durante una misma reunión porque no se sienten escuchadas más que porque quieran molestar.

Puede suceder que la persona que repite muchas veces lo mismo, confunda el hecho de ser escuchada con el desacuerdo de los integrantes del equipo en relación a su idea. Esto es algo que me ha pasado en varias ocasiones y lo he resuelto de la siguiente manera: me dirijo directamente a la persona, le doy mi opinión con respecto al proceso [no con respecto a la persona], porque como facilitadores velamos por el proceso y cuidamos a las personas, las relaciones y la conversación.

La imparcialidad es una característica que debe mantenerse durante el proceso de facilitación. El foco del facilitador es el proceso, no el contenido. Por esta razón, quien facilita no muestra preferencias por una u otra idea sino que asiste a los integrantes del equipo para que encuentren el resultado por sí mismos.

Navegar el conflicto

Los conflictos, por lo general, emergen progresivamente. Se puede observar a través de las posturas corporales, las miradas, los gestos, la respiración, el lenguaje utilizado, etc.

Las emociones que he podido identificar como señales anticipadas de un conflicto, hasta el momento, son: frustración, miedo, enojo e intolerancia. Frustración, por ejemplo, porque no puedo imponer mi idea o porque no logro entender la idea del otro; miedo a ser perjudicado por la propuesta del otro; enojo, porque no aceptan mi contribución; intolerancia a los aportes de terceros. Y estos son solo algunos ejemplos.

Para navegar por los mares del conflicto, algo que aprendí de Carlos Peix[2] fue la diferencia entre las discusiones basadas en posiciones y aquellas basadas en inquietudes. Por ejemplo, un miembro del equipo quiere adoptar un mecanismo de reporte de horas de trabajo por tarea realizada y otro integrante del mismo equipo puede estar en desacuerdo con la obligación de reportar las horas invertidas en cada tarea. . Si la conversación se queda en el nivel de las posiciones sobre la forma de reporte, nunca se progresará más allá del "estoy de acuerdo", "no estoy de acuerdo", "estoy de acuerdo", "no estoy de acuerdo".

Es posible salir de ese tipo de conversación haciendo foco en las motivaciones y las inquietudes de cada uno de los involucrados. De esta manera, resulta más sencillo conversar sobre las preocupaciones e inquietudes de aquel que teme ser controlado y cuestionado por las horas dedicadas a las diferentes tareas y aquellas inquietudes de quien valora la posibilidad de facturar a cada cliente según el tiempo invertido en cada tarea.

Utilizar todo el espacio

Yo solía pensar que ir a una reunión significaba hacerme presente para discutir desde lo intelectual, sentado a la mesa junto con el resto de los participantes. Conversar era tan simple como expresar mis pensamientos en palabras.

Con el tiempo fui descubriendo maneras alternativas, y más interesantes, de conversar, no solo desde lo intelectual, sino también desde lo corporal y lo emocional.

Lograr esos niveles de conversación implica ir más allá del mero hecho de sentarse a la mesa a compartir pensamientos. Será necesario recurrir a todo el espacio disponible y a los recursos de la sala. Algunas alternativas para involucrar diferentes aspectos de cada uno en las conversaciones son:

- Utilizar *flipcharts*, notas autoadhesivas, hojas, cinta.
- Invitar a los participantes a escribir, a pararse, agrupar notas autoadhesivas, dibujar en los *flipcharts*.
- Organizar agrupamientos de personas de pie, votaciones, minigrupos de debate, láminas personalizadas, presentaciones cruzadas, etc.

El cuerpo es un gran representador de emociones. El hecho de involucrarlo en las conversaciones ayuda a los participantes a percibir más fácilmente las emociones de los otros y a sentirse más a gusto expresando las propias.

De esta manera, la conversación sale del mero plano intelectual para abarcar un espectro mucho más amplio de posibilidades.

Dejar evidencia atractiva

¿Qué porcentaje de minutas de reunión has leído en tu vida? Yo debo confesar que menos del 10%. Me resulta extremadamente aburrido leer una minuta de reunión (y ni hablar de confeccionarla).

A mí, me resulta más atractiva la evidencia visual. Dos alternativas muy válidas como minuta de reunión son:

- El **registro gráfico,** por lo general, requiere de mayor dedicación. He tenido pocas buenas experiencias al facilitar y dejar un registro gráfico al mismo tiempo, pero es cuestión de que lo pruebes y tengas tu propia experiencia. Por eso, sugiero que si estás por facilitar una conversación, invites a un documentador gráfico que te asista con el registro visual.
- El **registro audiovisual** es, para mí, mucho más viable y consiste en invitar a un participante o a varios, a dejar un video con el resumen de la sesión. Esto es algo que hacemos muy a menudo en Kleer con nuestras reuniones internas. Todos los videos se suben a un repositorio común y accesible por todos los miembros de Kleer. Esto, además, ayuda a lograr mayor transparencia y visibilidad en la organización.

Facilitación y agilidad empresarial

La agilidad empresarial necesita bases sólidas en las personas y en los equipos de trabajo, para que puedan sostener la flexibilidad y la adaptación requeridas para hacer frente a este nuevo contexto ágil.

Los equipos ágiles son las células madre de la agilidad empresarial y se basan en el modelo de liderazgo facilitador.

La facilitación se puede aplicar en infinidad de situaciones: en cada reunión, para tomar decisiones, para explorar alternativas, en toda conversación grupal donde queremos que florezca la inclusión, el respeto y el consenso, y en aquellas situaciones en las cuales es importante que todas las opiniones sean escuchadas sin perder de vista el objetivo compartido.

En los próximos capítulos compartiré diferentes enfoques, técnicas y herramientas para la facilitación. Hacia el final, incluiré alternativas de aplicación de estos recursos en las diferentes reuniones de un proceso ágil.

Para reflexionar

Toma unos minutos y reflexiona sobre el tema tratado en este capítulo.

A continuación comparto algunas preguntas para que te hagas y, si quieres, también respondas.

1 . *¿Qué crees que tu equipo espera de ti como facilitador?*

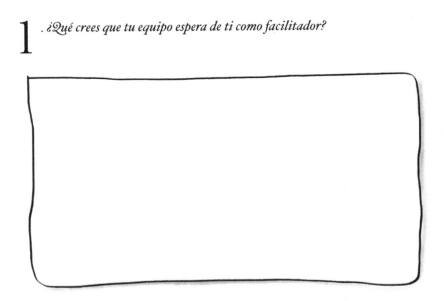

2 . *¿De qué forma tu facilitación afecta las decisiones de tu equipo?*

3 . *¿Qué haces cuando no estás de acuerdo con una opinión o decisión en una reunión que estás facilitando?*

4. *¿Cómo te aseguras que estás siendo imparcial en relación a las opiniones y alternativas de decisión?*

5. *¿Cómo te aseguras que los otros sepan que estás siendo imparcial?*

6 . *¿Quién define la agenda en las reuniones de los equipos que facilitas?*

7 .*¿Qué formato tienen las evidencias de las reuniones? ¿Son atractivas? ¿Cumplen su función?*

8. *¿Cuántas veces te ves involucrado en discusiones de contenido dentro de los equipos que facilitas?*

9. *En el caso de que la respuesta anterior haya sido "una o más veces" ¿Qué podrías hacer para minimizar esa cantidad?*

3

EL DISEÑO Y LA ESTRUCTURA

Para adoptar un modelo ágil de trabajo en un equipo que estaba lide-rando -y que se había tomado como experiencia piloto-, se decidió iniciar de manera incremental y adoptar la nueva forma de trabajo de manera orgánica (Hiromoto). En función de este modelo, la primera reunión que decidí facilitar fue una de retrospección del equipo de trabajo.

El primer paso lo di mucho antes de esta retrospectiva y consistió en llevar adelante la investigación del contexto. Apenas supe que el equipo que yo estaba liderando sería el proyecto piloto de este cambio, decidí reunirme con Federico, mi gerente, y recabar información sobre las expectativas de los interesados de esta transformación que se realizaría en la empresa.

— *Hola Federico, ¿tendrías 15 ó 20 minutos para conversar sobre las expecta-tivas del proyecto piloto de Agilidad?*

— *Si, claro. Vamos a buscar alguna sala disponible y charlamos al respecto.*

Conseguir sala no era una tarea fácil en la empresa en la que trabajába-mos, así que Federico y yo emprendimos la aventura de encontrar un espacio que se pudiera utilizar en ese momento.

Pasó un tiempo hasta que dimos con la sala 102, ocupada por cuatro personas que, justo en ese momento, mostraron intenciones de liberarla. Solo bastó pararnos a esperar en la puerta, una práctica culturalmente aceptada en la empresa, que significaba "esta sala la tengo reservada y estoy esperando que la liberes". De esta manera, los ocupantes aceleraron el paso y abandonaron el lugar. Ahora bien, ni Federico ni yo habíamos reservado dicha sala, haberlo simulado también era una práctica cultural aceptada en la organización.

Ya dentro de la sala 102, volví a preguntar:

— *Federico, ¿quiénes son los interesados de este piloto de Agilidad?*

— *El mayor interesado es Roberto. Él está convencido de que nuestra área no está respondiendo de manera eficiente a las demandas, ya sean internas o externas del negocio, por lo tanto vamos a comenzar probando hacia adentro.*

- *¿Es por esto entonces que se propuso este equipo?*

— *Exactamente, como ustedes están brindando servicio internamente a RR.HH. y Payroll, a Roberto le pareció un buen primer paso, con poco riesgo de exposición.*

- *¿Y qué esperaría Roberto de nosotros?*

— *Bueno, que comiencen a trabajar de una manera ágil.*

— *Entiendo, pero eso a mí no me da muchas pistas sobre sus expectativas. ¿Cómo ves si nos reunimos con él?*

— *Me parece bien. Yo me encargo de buscar un momento en su agenda y te aviso.*

— *Hecho*

Tanto Federico como yo nos dispusimos a liberar la sala 102. Para cuando estábamos llegando a la puerta, vimos que otras personas se habían parado junto a ella en actitud de "nosotros hemos reservado la sala...". Ninguno de los dos creyó que eso fuera cierto, de todas formas, ya estábamos saliendo.

Al día siguiente tuve la reunión con Federico y Roberto. Como era de esperar en esa empresa, los Senior Managers tenían la obligación moral de comenzar las reuniones agradeciendo a los otros participantes sobre el buen trabajo que estaban realizando. Otra práctica cultural. Y así fue como Roberto comenzó diciendo:

— *Federico, Martín, antes que nada permítanme felicitarlos por el gran trabajo que vienen haciendo. El hecho de involucrarse en el piloto sobre Agilidad habla muy bien de su predisposición y compromiso para con nuestra empresa.* —*Y prosiguió*— *Martín, Federico me comentaba que tenías algunas preguntas acerca del piloto.*

— *Así es Roberto. El primer punto que quisiera clarificar es ¿cuál es la expectativa de tiempo y alcance del piloto? Es decir, ¿en cuánto tiempo y en qué profundidad esperas que trabajemos de manera ágil?*

— *Bueno, la profundidad se va a dar con el devenir del tiempo. A mi particularmente no me inquieta mucho el grado de Agilidad que ustedes quieran seguir internamente, lo que quisiera es ver los resultados de haber adoptado una forma más ágil de trabajo de cara al cliente. Con respecto al tiempo, me gustaría que sea lo antes posible.*

— *Bien* — *dije* — *Lo antes posible vamos a comenzar a adoptar Agilidad, esto es la semana próxima a partir de nuestra reunión de retrospectiva. Pero, tal como entiendo una adopción orgánica, evolutiva, vamos a ir aumentando el nivel de Agilidad de trabajo de manera gradual. No va a suceder todo de una semana para la otra. Este es un punto con el cual me quedaría tranquilo sabiendo que compartimos las expectativas.*

A esta altura, Federico ya estaba nervioso. Se notaba porque se frotaba las manos, le transpiraba la cara y no dejaba de mover una pierna, como un tic nervioso. Él sabía que Roberto no estaba tranquilo si sus empleados lo contradecían. Y yo reportaba directamente a a Federico. Era él quien reportaba a Roberto, lo cual agravaba significativamente la situación. Así que se apuró a intervenir:

— *Entiendo Martín, pero es muy apresurado decir que no vamos a adoptar la Agilidad por completo.*

— *No, eso no es lo que digo* —*respondí, consciente de la preocupación de Federico*—. *No quiero decir que no vamos a adoptar completamente la Agilidad, digo que iremos incrementando el nivel de adopción de manera gradual. Por otro lado, tal vez no necesitemos hacer absolutamente todo, eso lo indicará el contexto, al cual nos iremos adaptando retrospectiva a retrospectiva.*

— *Si, claro.* —*Asintió Roberto, lo que generó cierta calma en Federico*— *¿Hay algún otro punto que quisieras discutir?* —*me preguntó.*

— *Si, efectivamente, hay algo que quisiera revisar. La próxima semana vamos a realizar nuestra primera reunión de retrospección. En ella exploraremos posibles mejoras para nuestra manera de trabajar. Es probable que esas mejoras involucren exclusivamente a miembros del equipo y, también, es probable que algunas de ellas involucren a personas fuera del equipo. ¿Hasta qué punto podemos influenciar la manera de hacer las cosas fuera de nuestro proyecto piloto?*

— *Por el momento tratemos de que esto último no suceda* —*dijo Roberto*—, *Sabemos que podemos correr riesgos dentro del proyecto, pero me gustaría impactar lo menos posible hacia fuera.*

Yo sabía que si no atendíamos los cambios que involucraban a otras áreas podría ser que los resultados no fueran lo suficientemente atractivos. Sin tapujos se lo mencioné a Roberto. Los tres acordamos que, en el caso de presentarse ese tipo de situaciones, evaluaríamos el impacto antes de llevar adelante cualquier acción al respecto.

Eso fue suficiente. Ya sabía hasta dónde podía tirar de la cuerda respecto a los cambios en la forma de trabajo.

Después de ese encuentro, avancé en la preparación de la agenda y las dinámicas a utilizar en la reunión.

Una forma muy aceptada en las retrospectivas, es dividirla en cinco etapas diferentes (Larsen & Derby, 2006):

1. Preparar el escenario.
2. Recabar datos.
3. Generar entendimiento profundo.
4. Decidir qué hacer.
5. Cerrar la reunión.

Basándome en este modelo, elaboré la siguiente agenda tentativa:

- **10 min: Preparar el escenario**
- Dinámica: Check-In
- **20 min: Recabar datos**
- Dinámica: 6x3x5
- **25 min: Generar entendimiento profundo**
- Dinámica: Filtrado
- **20 min: Decidir qué hacer**
- Dinámica: Planificación de mejoras
- **5min: Cerrar la reunión**
- Dinámica: Agradecimientos

Teniendo en cuenta los problemas para conseguir sala en esta organización, me aseguré de hacer una reserva real: elegí la 104, una sala amplia que podía albergar cómodamente a los 5 integrantes del equipo y la reservé por dos horas, de las 2pm a las 4pm.

Diseño de una reunión

Como facilitador, es importante mantenerse al margen del resultado de la reunión, a la vez que se asegura una dinámica efectiva. Parte de garantizar su efectividad depende de diseñar la reunión.

Por eso, recomiendo anticiparse al evento que se vaya a facilitar y asegurarse de revisar tres aspectos fundamentales del diseño de toda sesión de facilitación: la investigación previa, la agenda de temas con sus dinámicas y el espacio físico.

A continuación se desarrolla cada uno de estos aspectos.

Investigación previa

El objetivo de la investigación previa es asegurarnos de identificar las necesidades reales del equipo y, así, diseñar una reunión con dinámicas enfocadas en su atención.

Si se trabaja cerca del equipo es probable conocer algunas de esas necesidades, de lo contrario es muy recomendable relevarlas previamente.

Para mi investigación, me reuní con Federico y Roberto, los interesados del proyecto piloto de adopción de Agilidad. De esta manera, pude identificar sus expectativas, la tolerancia que tenían sobre la transformación a realizar y qué tan lejos se podía llegar con los cambios.

Identifica las necesidades reales del equipo de manera anticipada y diseña una reunión con dinámicas que atiendan esas necesidades.

Un recurso complementario a las reuniones grupales y que, muchas veces, resulta fundamental son las reuniones individuales con los miembros del equipo. En ellas es posible identificar necesidades subyacentes, además de generar relaciones de confianza con las personas.

Otro método que se puede usar con grandes grupos son las entrevistas online. Algo menos efectivas que las cara a cara, pero que permite tener reuniones con muchas personas en poco tiempo. Si el equipo es muy grande (más de 20 personas) y/o está distribuido geográficamente, un recurso adicional puede ser el uso de encuestas online.

Encuentro con expertos: Juan Gabardini

Juan Gabardini es Ingeniero Electrónico y Licenciado en Sistemas de Información de la Universidad de Buenos Aires (UBA), Agile Coach & Trainer en Kleer, docente en UBA y en UNTREF.

@jgabardini

El inicio de una reunión

- ¿Alguna vez estuviste en una reunión en la que todos se miran la cara, esperando que alguien empiece a hablar y sin saber para qué están reunidos?

- Los encuentros o reuniones tienen un objetivo aunque, a veces, no sea explícito. Nos reunimos para tomar decisiones, para compartir información, para celebrar, para divertirnos ...

- ¿Cómo surge el objetivo?

- Una persona o un grupo toman la iniciativa. Estos iniciadores quieren lograr algo y diseñan la reunión como una estrategia para lograrlo.

Cuando el objetivo está claro es posible diseñar el encuentro. Por ejemplo, posicionándonos desde el futuro deseado hacia el presente, analizamos y diseñamos: ¿Qué queremos lograr -objetivo-? ¿Cuál sería el cambio producido por la reunión que nos acerquen al objetivo? ¿Cómo sabemos, al final de la reunión, que la reunión generará los cambios deseados? ¿Qué dinámicas o actividades hemos hecho para lograrlo? ¿Cuándo hemos realizado cada actividad y cuánto tiempo han durado? ¿A quiénes hemos invitado para que participen? ¿Cómo los hemos invitado para asegurarnos que asistan?

La invitación a una reunión

- ¿Vinieron las personas claves?

"En esta reunión no se pueden tomar decisiones porque faltan las personas claves." Miramos al organizador y nos responde: "¡Pero yo envié el correo de convocatoria!"

Un correo puede ser suficiente para algunas personas, en especial, para reuniones que ya están establecidas y tienen un ritmo constante.

Sin embargo, en muchos casos, se requiere algo más que una invitación, por ejemplo:

- **Incluir el RSVP en la invitación**. Es un pedido para que los invitados a la reunión respondan. Las letras son el acrónimo derivado de la expresión francesa Répondez s'il vous plaît, literalmente "Responda por favor".

- **Contacto adicional si algún invitado no respondió**: "¿Recibiste la invitación? ¿Vendrás?". Esta comunicación es más efectiva si se realiza en persona. Cuando esto no es posible, puede realizarse por teléfono, chat o e-mail, en orden decreciente de efectividad.
- **Personalizar**. Adecuar la convocatoria a cada destinatario: "Puedes aportar mucho porque... Te puede ser útil asistir porque..."
- **Adaptar y ajustar las posibilidades de participación**: "Si no puedes una hora, ¿podrías 30 min? ¿Qué información previa necesitarías para decidir venir?"

Los contactos previos

Entre la invitación y la reunión está la oportunidad de hacer *nemawashi* , palabra japonesa que corresponde a la acción y técnica que se utiliza para trasplantar de forma exitosa a los árboles.

En el contexto de las ideas y las decisiones, *nemawashi* significa explicar la idea por anticipado a cada participante, escuchando sus sugerencias y preocupaciones, y ajustando la propuesta en función a lo escuchado.

Cuando hacemos el *nemawashi* necesario, todos los participantes llegan a la reunión conociendo las nuevas ideas, han tenido tiempo de evaluar el impacto de la propuesta y sus preocupaciones han sido tenidas en cuenta. En esos casos, la reunión es, sobre todo, para formalizar el acuerdo conjunto.

Agenda y dinámicas

Iniciar la facilitación de una reunión sin una agenda establecida puede llegar a ser un éxito o un fracaso. He presenciado y participado de ambas situaciones.

Puede ser un éxito para quien se sienta muy cómodo con la improvisación y lo emergente en este tipo de situaciones y un fracaso cuando las cosas no salen como los participantes esperaban.

Mi recomendación es tener siempre una agenda de temas y luego modificarla en función de las necesidades del momento. Esto permite utilizarla como una referencia a la cual volver si las cosas no están funcionando como se esperaba.

Durante toda reunión, hay ciertas dinámicas o actividades posibles de realizar en distintos momentos y con diferentes intenciones. Veremos algunas de ellas en breve y pasaré referencias de otras hacia el final de este capítulo.

Mi propuesta es que utilices los recursos y dinámicas que consideres oportunos para el diseño de una agenda tentativa para la reunión.

> *No sigas al pie de la letra la*
> *agenda, utilízala como*
> *una referencia a la cual volver*
> *si las cosas no están*
> *funcionando como esperabas.*

De disponer de tiempo antes de la reunión, se puede compartir la agenda con los participantes de manera anticipada y, así aprovechar para obtener *feedback* de su parte. Con una agenda de reunión consensuada es muy probable que las personas se sientan cómodas y la sostengan.

Cuando no se dispone de tiempo previo, la recomendación es dejar un espacio al comienzo de la reunión para acordar la agenda. En ese caso, se presenta la propuesta de temas y se consensua en ese momento.

Espacio físico

El espacio físico muy importante para ayudar a que los participantes de la sesión puedan centrarse.

Parte del trabajo del facilitador es llegar antes al lugar de reunión y asegurar que:

- Las sillas y mesas estén dispuestas de manera que fomenten la interacción.
- Todos los materiales necesarios estén disponibles, tales como marcadores de pizarra, *flipcharts* y notas autoadhesivas.
- Todo el equipamiento de audio y video esté funcionando correctamente, según sea necesario.
- La temperatura sea la adecuada.

Como facilitador, parte de tu trabajo es llegar antes que los demás al lugar de la reunión.

Recursos para organizar reuniones

Los recursos para organizar reuniones ayudan a mantener su flujo y dinámica, hacer visible la agenda, consensuar las actividades, etc. A continuación se presentan algunos recursos que pueden ser útiles a la hora de facilitar una reunión.

Objetivo claro

Comenzar una reunión sin tener claro el objetivo que la convoca puede conducir la conversación de los participantes por ramificaciones que generará pérdida de tiempo. Si esta situación es habitual en tu equipo, puedes utilizar a este recurso que ayuda a clarificar y explicitar el objetivo de una reunión, de tal forma que sirva como recordatorio para el grupo completo durante el tiempo que dure la reunión.

Explicitar el objetivo de la reunión sirve de referencia para evitar ramificaciones y pérdidas de tiempo.

El objetivo acordado entre todos los participantes tiene mucho más poder y legitimidad que un objetivo establecido por una sola persona externa al grupo, un líder o un facilitador. Para que el grupo acuerde el objetivo de la reunión se pueden realizar algunas de estas preguntas:

- ¿Qué quisiéramos lograr en esta reunión?
- ¿Qué es lo que cada uno quiere llevarse al concluir esta reunión?
- ¿Para qué nos servirá reunirnos y conversar en el día de hoy?

Recomiendo registrar y hacer visible el resultado de esta primera conversación para que sirva de referencia a los participantes, especialmente en los casos en que pierdan de vista el objetivo del encuentro.

El objetivo tiene más poder y legitimidad cuando es acordado entre todos los participantes.

Acuerdo de grupo

Una de las reuniones que menos me gusta es la asamblea de consorcio. Por suerte, hace ya bastante tiempo no participo en ellas. Pero cuando lo hacía, toda mi energía quedaba evaporada en el mismo lugar de la reunión. Gritos, faltas de respeto, ingratitud, indiferencia, un universo de agresiones personales que hacían de esas reuniones un agujero negro que succionaba toda posibilidad de construcción colectiva y la hacía desaparecer por completo.

Para evitar este tipo de situaciones se pueden utilizar los acuerdos de grupo. Se trata de un recurso muy útil a la hora de iniciar una reunión con energía alta y sostener su calidad a lo largo del tiempo. Pueden surgir muy buenos resultados si el acuerdo es generado por el equipo mismo y si se hace foco en cómo quieren comportarse los integrantes para aprovechar el tiempo destinado a la reunión de manera eficiente y respetuosa.

Es importante resaltar el hecho que el acuerdo sea generado por el grupo y no por el facilitador. Como participante de una reunión, me identifico mucho más con un acuerdo que tiene en cuenta mis intereses y lleva mi impronta que con uno impuesto desde afuera.

Tener un acuerdo de grupo ayuda mucho al facilitador, especialmente en los momentos más desafiantes o conflictivos de la reunión.

Según la naturaleza del encuentro y la cantidad de tiempo asignado, hay una gran variedad de actividades para generar acuerdos de grupo. Una que me resulta muy efectiva y se puede resolver en unos 15 a 20 minutos es la siguiente:

1. Dibujar dos columnas en un *flipchart* con los nombres: 'garantizar' y 'evitar'.
2. Solicitar a los participantes que se tomen 5 minutos para escribir en notas autoadhesivas aquellas cosas que se deben garantizar y aquellas que es importante evitar para que, durante la reunión, cada uno se sienta respetado, seguro e interesado en colaborar con los otros.

3. Al cabo de los 5 minutos, invitar a que peguen sus notas en las respectivas columnas y que generen asociaciones por similitud.

4. Finalmente, elegir, entre todos, una frase o concepto común que identifique cada cúmulo de notas agrupadas por similitud.

Una vez aceptado el acuerdo de grupo, es importante colocarlo en un lugar visible y al que se pueda hacer referencia durante toda la reunión.

E s importante que las nuevas personas que se suman a la reunión sin haber participado del acuerdo, lo conozcan y acepten respetarlo antes de hacer efectiva su participación.

Una vez aceptado el acuerdo de
grupo, es importante que quede
en un lugar visible durante
toda la reunión.

Panel de actividades

Recuerdo una reunión en la estaba como participante y la facilitaba un gerente. Sólo habían pasado 15 minutos y no sabíamos cuántos temas habíamos discutimos ni cuántos faltaban. Sólo estaba claro el apuro y cierta ansiedad del facilitador por no demorarse en lo que estábamos discutiendo y avanzar hacia el siguiente tema.

Si el facilitador es el único que se preocupa por el tiempo y los temas de una reunión, es probable que se deba a que los participantes no tienen en claro la agenda y ni el progreso sobre los temas.

Para evitar que esto suceda se puede usar un panel de actividades, un recurso que genera visibilidad tanto de la estructura y actividades previstas, como del progreso de la agenda.

Por ejemplo, si en una reunión de una hora y media hay que tratar tres temas importantes: los dos primeros son principalmente informativos y el tercero implica la toma de una decisión. La agenda podría ser algo así:

1. *Check-In* (5 min)
2. Establecimiento de objetivos (10 min)
3. Información tema 1 (10 min)
4. Información tema 2 (10 min)
5. Toma de Decisión (45 min total)
6. Contextualización (5 min)
7. *Brainstorming* (10 min)
8. Entendimiento (15 min)
9. Plan de acción (15 min)
10. Evaluación de la reunión (10 min)

Lo propuesta es presentar esta agenda de manera visible, clara y explícita. Para ello, se puede utilizar una pared de la sala en la que sea posible trazar tres columnas con cinta de papel de color. Cada una de las columnas corresponde a:

1. Actividades Pendientes.
2. Actividades en Progreso.
3. Actividades Finalizadas.

Las notas autoadhesivas se usan para registrar cada una de las actividades de la agenda y, al comienzo, se colocan en la columna *Pendientes*.

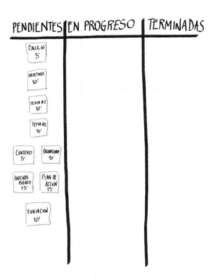

A medida que las actividades se van realizando y completando, las notas autoadhesivas se trasladan de una columna a la otra, según corresponda. De esta forma, el proceso y el progreso de la reunión está visible todo el tiempo.

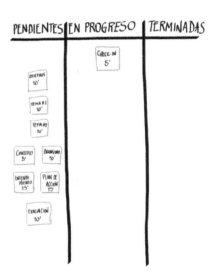

1. Inicio de la reunión

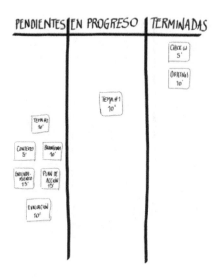

2. Hacia la mitad de la reunión

3. Hacia el final de la reunión

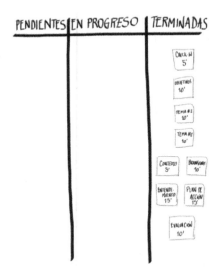

4. Reunión finalizada

Parking lot

Una vez me tocó facilitar una reunión de trabajo en la que se dio el siguiente diálogo:

— *Necesitamos analizar el impacto del cambio de la iluminación por luces de bajo consumo en el presupuesto anual.*

— *Tengamos mucho cuidado con el proveedor que seleccionemos porque ya hemos tenido malas experiencias.*

— *Bueno, sí, pero ahora analicemos el impacto en el presupuesto.*

— *Y vamos a comprar luces de bajo consumo de color blanco frío o cálida*

— *¿Cambia el valor?*

— *No, creo que cuestan lo mismo.*

— *Entonces analicemos el impacto en el presupuesto.*

— *Pero... ¿qué vamos a hacer con las luces que quitemos?*

— ...

Muchas veces, de las conversaciones emergen temas que poco o nada tienen que ver con el que se está tratando en ese momento o que implican un nivel diferente al actual, por ejemplo: tienen mayor detalle o son más estratégicos.

En estos casos, para que las personas no se sientan ignoradas al plantear nuevas ideas o dudas, se pueden registrar los emergentes en el *Parking Lot* o Estacionamiento de Pendientes. Esto indica que el tema será tratado más adelante.

La preparación del *Parking Lot* no lleva mucho tiempo, generalmente se resuelve con una lámina pegada en la pared en la que se colocan las ideas y dudas registradas en notas auto-adhesivas.

Un Parking Lot sólo sirve si

en la agenda de reunión
se reserva tiempo para tratar
los ítems allí registrados.

Es probable que al llegar al momento de revisar el *Parking Lot*, la cantidad de ítems sea tan grande que no haya forma de tratarlos a todos. En ese caso, algo que puede ayudar a usar el tiempo de manera eficaz es pedir a los participantes que voten los temas según prioridad y, luego, tratar desde el más prioritario hasta el que lo es menos, atendiendo tantos ítems como el tiempo disponible lo permita.

Cronómetro visible

Hay reuniones en las que el tiempo vuela. A mí me sucede constantemente. En muchos de los equipo que facilito nos sumergimos en conversaciones tan apasionantes que perdemos la referencia temporal. ¿Su consecuencia? El tiempo no nos alcanza o, dicho de manera más responsable, no somos eficientes en el uso del tiempo.

Un cronómetro a la vista de todos puede hacer una gran diferencia en este tipo de situaciones. Los hay físicos (tanto analógicos como digitales) y también virtuales, aplicaciones que se pueden tener en *tablets* o *smartphones*.

Tener un cronómetro visible brinda una referencia temporal permanente, ayuda en la auto-organización del tiempo y en la toma de decisiones sobre cómo invertirlo en nuestras conversaciones.

De los cronómetros que he probado, los que recomiendo son:

- *Time Timer*, analógico en diferentes tamaños.
- *Liquid Timer*, analógico, aceite en agua.
- *Marathon Timers*, digital, hay con pantallas grandes.
- *Lightningtalk Timer*, app para iPad e iPhone
- *Stopwatch & Timer*, app para Android
- *online-stopwatch.com*, cualquier navegador.

Señal de silencio

Cuando la energía de la reunión y de las conversaciones se eleva, puede ser bastante desafiante recuperar el foco de los asistentes. En este caso, es útil tener algún tipo de acuerdo para recuperar la atención.

Un recurso muy utilizado para estos casos es conocido como la Señal de Silencio. Surgió como dinámica para los primeros años de la escuela primaria y la utilizan los maestros para recuperar la atención del grupo. También es muy utilizado por facilitadores por su alta efectividad en reuniones multitudinarias.

La Señal de Silencio consiste en invitar a los participantes a comportarse de una determinada manera (en este caso, a hacer silencio) ante una señal del facilitador. Esta señal, por lo general, es el brazo levantado. De esta manera, cuando el facilitador levanta el brazo, extendiendo su mano hacia el techo y en silencio, los participantes imitan al facilitador, extendiendo su brazo hacia el techo a la vez que hacen silencio.

Una vez que todos los participantes están en silencio es posible recuperar la atención del grupo y, recién en ese momento, el facilitador baja el brazo y prosigue con la actividad.

Puede suceder que no todos levanten el brazo. Lo importante es recordar que el objetivo es recuperar la atención y no que todos levanten el brazo.

El objetivo de la señal de silencio es recuperar la atención.

Un complemento de la Señal de Silencio es agregarle un sonido o hacer una cuenta regresiva. Por ejemplo, contar de tres a cero en voz alta: TRES, DOS, UNO, ¡CERO! Y, luego, levantar el brazo.

Cierre y despedida

La reunión llegaba a su fin y todos nos mirábamos las caras. Se sentía algo de incomodidad, sin saber qué hacer. Entonces alguien dijo "Bueno", y otros dijeron "Bien", "OK", "Nos vemos" y todos, apurados, salimos de la reunión.

¿Quién no ha tenido alguna vez la sensación de no saber qué hacer hacia el final de la reunión? ¿Termina el encuentro o no termina? ¿Cómo seguimos? ¿Qué hacemos?

Por esta razón, es importante darle entidad suficiente al cierre de una reunión. Hay muchas actividades que se pueden realizar para dar por cerrado un encuentro.

Una que, según mi experiencia, funciona muy bien es la ronda de agradecimientos: cada participante agradece al resto de las personas alguna acción del pasado inmediato o de la reunión misma que contribuyó a su trabajo y a su vida.

Todos los recursos que te he presentado en este capítulo sirven principalmente para diseñar y dar estructura a las reuniones. En los próximos capítulos te presentaré nuevos recursos aplicables a otros aspectos de la interacción de personas, como por ejemplo la colaboración, la participación y la toma de decisiones.

Para reflexionar

Toma unos minutos y reflexiona sobre el tema tratado en este capítulo.

A continuación comparto algunas preguntas para que te hagas y, si quieres, también respondas.

. . .

1 . *Recuerda la última reunión en la que participaste. ¿Crees que se podría haber mejorado algo mediante la preparación previa? ¿Qué cosas?*

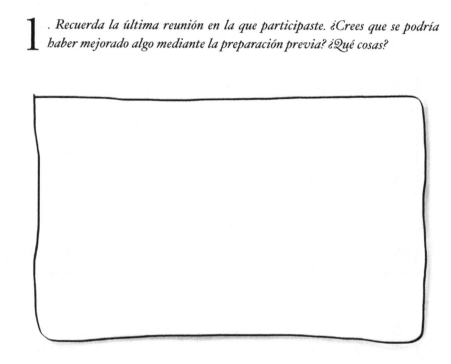

2 . *¿Qué tan habitual te resulta preparar las reuniones que facilitas?*

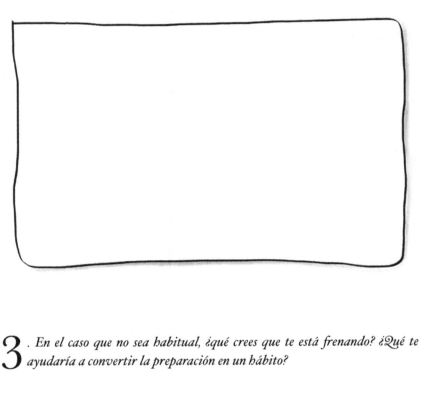

3 . *En el caso que no sea habitual, ¿qué crees que te está frenando? ¿Qué te ayudaría a convertir la preparación en un hábito?*

4. *Las reuniones que facilitas ¿tienen un objetivo conocido por todos? En el caso que no lo tengan, ¿qué crees que puedes ganar al explicitarlo y comunicarlo?*

5. *En caso que el objetivo de las reuniones que facilitas no sea conocido por todos, ¿cuáles son los factores más importantes que, desde tu perspectiva, te impiden hacerlo visible y lograr un acuerdo al respecto?*

6 . *¿Qué, quién, cómo te podría/n ayudar con estos aspectos?*

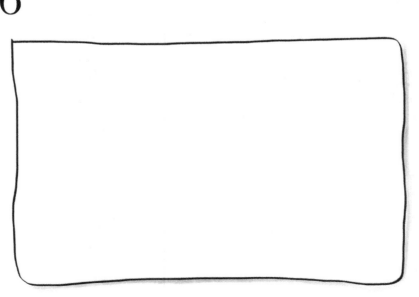

7. ¿Qué tan satisfecho estás con el uso del tiempo de las reuniones que facilitas?

1. Satisfecho
2. Parcialmente Satisfecho
3. Insatisfecho

Si no estás satisfecho, ¿qué es lo que te está incomodando con respecto al uso del tiempo en las reuniones que facilitas?

8. ¿Cómo podría ayudarte el uso de una agenda de reunión?

9 . ¿Qué tan atractivos son los registros de las reuniones que facilitas?

4

LA GRÁFICA

Tengo una propuesta para hacerte: imagina un elefante.

Ahora imagina el elefante caminando por una calle. Al final de esa calle, en el horizonte, hay una montaña y en la punta de la montaña hay un molino.

Si bien no puedo saber la manera en la que imaginaste esa situación, las probabilidades que lo hayas hecho visualmente son muy grandes. ¿Por qué? Porque hay estudios que demuestran que entre el 60% y el 65% de la población mundial procesan las palabras de manera visual (Deza & Deza, 2009).

En este capítulo nos ocuparemos de dos herramientas de expresión y comunicación visual para grupos: la documentación y la facilitación gráfica. Mediante ellas aumentamos significativamente la generación de acuerdos, la comprensión de intenciones, la retención y la comunicación de lo sucedido.

También encontrarás testimonios de expertos en facilitación gráfica que comparten con nosotros sus conocimientos y experiencias.

Encuentro con expertos: Pablo Tortorella

Pablo Tortorella es Ingeniero en Informática de la Universidad de Buenos Aires (UBA), agile coach & trainer en Kleer, docente en UBA y en UNTREF y facilitador gráfico.

@pablitux

He experimentado vivencias memorables que me hacen valorar y practicar a diario la facilitación gráfica y el *sketchnoting*, tanto en reuniones como en clases y eventos académicos, y comunitarios. Una experiencia que recuerdo es la de alumnos de la universidad fascinados por los temas de la materia expuestos en coloridas láminas hechas en vivo, con marcadores y pasteles sobre papel o con tiza sobre el pizarrón. Tan entusiasmados estaban que en vez de ir a descansar, se quedaron sacando fotos y conversando alrededor de las ilustraciones.

Otra experiencia es la que tuve junto a profesionales muy motivados al ver cómo aquello que expresaban, durante una reunión en su empresa, era graficado en el momento. En esa ocasión, llegaron a acuerdos y decisiones sobre temas álgidos y complejos en tiempos más cortos que lo habitual. Estaban sorprendidos por lo bien que se habían entendido gracias a, según sus palabras, *"las minutas gráficas de Pablitux"*.

También hemos ahorrado mucho tiempo en cursos y eventos privados y públicos, al colocar en las paredes las láminas creadas durante 4 y hasta 40 horas, haciendo visibles todos los conceptos tratados, los resultados de las actividades y las dinámicas realizadas. Las láminas a la vista ayudaron a hacer referencias rápidas sobre momentos pasados y a agregar actualizaciones conceptuales en cuestión de segundos con sólo cruzar el salón y señalar el gráfico en cuestión.

Todos solemos recordar mejor lo que hemos visto crear en vivo o lo que anotamos y creamos con nuestras propias manos, en comparación con una presentación de diapositivas llena de texto o una charla que sólo queda en el aire. Por eso, recomiendo utilizar estas técnicas visuales participativas en los contextos que cada persona considere adecuados y, así, favorecer el entendimiento de temas complejos y la puesta en común de opiniones e información proveniente de múltiples fuentes.

Documentación gráfica

La documentación gráfica es la práctica mediante la cual se traducen conversaciones a imágenes. Por lo general, suele realizarse de dos maneras:

1. **Privada *(Sketchnoting)***: toma de notas visuales e individuales en reuniones y conferencias.
2. **Pública *(Graphic Recording)***: toma de notas visuales por una o más personas y visibles por mucha gente, tanto en reuniones como en conferencias. Por lo general, se realiza en grandes hojas de papel pegadas en la pared. En este caso, puede ser utilizado como un gran recurso para involucrar a los participantes de una reunión.

Cuando la documentación gráfica se hace de manera pública maximiza el involucramiento de los participantes de una reunión. Dado que esto es lo que buscamos como facilitadores de equipos Ágiles, te presento esta herramienta:

Siempre que haya alguien hablando, hay personas escuchando. Bueno, casi siempre. Las personas pueden estar escuchando o haciendo que escuchan, mientras piensan en lo que ellos van a decir a continuación o, lo que es más grave, cualquier otra cosa desconectada del tema de la reunión, por ejemplo: las próximas vacaciones, la mudanza, el automóvil nuevo o cuánto aprietan los zapatos. Esto genera un abismo entre quien habla y quienes pretenden escucharlo.

Cuando un *documentador* gráfico completa láminas con dibujos que representan lo que se está diciendo, los participantes se involucran de una manera diferente y más activa en las conversaciones. Quien habla, a su vez, puede ver en tiempo real la interpretación de aquello que está diciendo.

De esta manera, se crea una representación visual de toda la reunión, que valida los diferentes puntos de vista y genera una evidencia sintetizada y atractiva sobre lo ocurrido. Esta evidencia puede utilizarse como las minutas tradicionales. Para ello, se puede tomar fotos del dibujo final y enviarlo por e-mail, imprimirlo en formato poster y/o repartirlo a los participantes.

Encuentro con expertos: Claudia Sandoval

Es conocida como el Hada de la Facilitación Gráfica. Co-facilita y documenta visualmente encuentros por toda Latinoamérica. En el ámbito de la agilidad, Claudia es co-fundadora de Kleer en Colombia y es miembro de la comunidad ágil de ese país, donde participa de forma voluntaria aportando su talento.

@claumsandoval

Querido aprendiz de facilitador de equipos Ágiles:

Mi gran aprendizaje en los últimos tres años es que al unir las metodologías de facilitación con el dibujo, estamos abriendo la puerta a la reivindicación del niño interior, ese que generalmente está escondido u olvidado en los anaqueles de la memoria y que, al mismo tiempo, es quien influye muchas de nuestras decisiones.

Para ilustrar a qué me refiero con "reivindicación" sitúate en la película Ratatouille, cuando Anton Ego -el crítico gastronómico- va al restaurante del chef Gusteau y es convidado con su plato favorito de la infancia.

¿Recuerdas?

Anton se reconecta con los momentos más significativos de esa etapa y todo en él cambia, se revitaliza.

Creo que al hacer que las personas dibujen, al mostrarles un resumen ilustrado y al comunicar nuestras ideas con garabatos, estamos conectando con ese niño que una vez fuimos.

Hoy veo este reencuentro como una puerta a la genuinidad y, por ende, a la vulnerabilidad que, tal como sostiene la investigadora Brené Brown, es el lugar desde el cual ocurren todas nuestras interacciones significativas. Es decir, el lugar desde el cual tú, como facilitador, puedes ser el catalizador de un equipo ágil, creando y favoreciendo interacciones significativas donde la magia -la co-creación- emerja.

Y ¿por qué es importante todo esto?

Porque como facilitadores y *documentadores* gráficos buscamos hacer visible lo invisible y eso sólo se logra desde el corazón. Ya lo dijo El Principito: "Solo con el corazón se puede ver bien, lo esencial es invisible a los ojos."

Ahora bien, como imagino que lo que esperabas aquí era un aporte *experto* sobre la técnica, entonces aquí viene:

Como *documentadora* gráfica mi foco está en destilar y conectar, es decir, en enfriar el vapor de una conversación para encontrar y dibujar la esencia de lo que allí quiere emerger, ver cómo los puntos conectan y, así, crear un mapa visible de lo que está pasando en esa interacción.

Personalmente, la destilación y la conexión solo las siento posibles cultivando, deliberada y constantemente, una habilidad: la escucha.

Esta práctica sistemática ha producido una notable mejoría en mi trabajo este año. Los últimos doce meses he escuchado para dibujar y he dibujado para escuchar. Así de simple: en cualquier contexto, con uno, cien o más hablando, automáticamente preparo papel, marcadores y *voilà*, mi cerebro comienza a activarse y las imágenes a llegar. Entonces hago las paces con mi niña y mi crítica interior y procedo a garabatear sin prisa pero sin pausa.

Ahora bien, quiero aclarar que mi contexto para el dibujo usualmente es de canal dedicado, es decir, mi atención está exclusivamente en la escucha, por ello hago énfasis en su importancia. Sin embargo, imagino que como aprendiz de facilitación de equipos ágiles tu aspiración es hablar y dibujar simultáneamente. Si es así, lo primero que te digo es ¡no desesperéis! Tómate tu tiempo para pensar y practicar los dibujos que utilizarás en tus intervenciones hasta que te salgan fácil y rápido.

Recuerda: hazlo simple y "rapidito como un conejito", como lo indica Brandy Agerbeck. No se trata de arte sino de ayudar a entender el mundo a través de dibujos simples.

Secreto de hada: Prepara algunas láminas haciendo los dibujos más relevantes con marcador amarillo sobre papel blanco y durante tu presentación enfócate en el discurso y en repintar con colores oscuros lo que dibujaste en amarillo. Obtén más consejos sobre este oficio consultando con Pablitux o Pat Molla, a ellos les sale maravilloso.

Para cerrar, un buen facilitador podría plantearse: si al documentar gráficamente actuamos como destiladores o filtros que extraemos la esencia de lo que se está diciendo, ¿qué pasa con todo aquello que no atraviesa los filtros, con lo prescindible?

Esta pregunta ha sido parte de mi exploración más reciente y he encontrado que, en efecto, cuando termino mi jornada documental parte de esa invisibilidad existe y queda circulando en mi interior, transformándose en síntomas similares a la resaca del día siguiente.

Para esto he encontrado ciertas prácticas, como la meditación, que con una intención particular me ayuda a dejar fluir, descargar y encontrar el balance.

Mi sugerencia no es que medites, sino que estés atento a tu mente y a tu cuerpo, y explores distintas alternativas que te ayuden a descargar y a estar más presente.

Que tengas los mejores momentos *dibujeros*.

Hada

http://claumsandoval.tumblr.com/

Elementos gráficos

Hay muchos elementos que puedes utilizar y combinar a la hora de crear una documentación visual. Te invito a revisarlos, junto a los *tips* y las prácticas compartidos por Claudia "Hada" Sandoval.

Texto

Es importante representar el texto de forma rápida y legible. Los diferentes tamaños de letra representan distintos niveles de información o de importancia de las ideas. Es habitual usar todo en mayúsculas para los títulos y todo en minúsculas para los contenidos.

Ejercita tus mayúsculas:

. . .

E L VELOZ MURCIÉLAGO HINDÚ COMÍA FELIZ CARDILLO Y KIWI

R ápido:

L egible:

R ápido y legible:
Ejercita tus minúsculas:

L a cigüeña tocaba el saxofón detrás del palenque de paja

R ápido:

L egible:

R ápido y legible:
Viñetas

Las viñetas agrupan el texto, dan orden y claridad. Mientras más fáciles y rápidas sean de dibujar, mejor. Es importante asegurarse que sean legibles desde lejos.

Líneas

Las líneas relacionan elementos y expresan el grado de conexión entre ellos. Líneas gruesas indican conexiones fuertes. Líneas delgadas o punteadas expresan conexiones débiles.

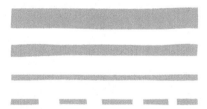

Flechas

Las flechas ordenan la lectura. Representan flujos y procesos y también pueden usarse para denotar acción.

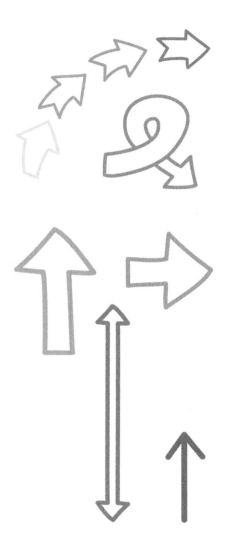

Cajas

Las cajas se pueden utilizar para señalar lugares y hacer énfasis en ciertas partes del discurso. También agrupan elementos, como las viñetas y los resaltan.

Una recomendación es primero escribir el texto y luego dibujar la caja que lo contiene, esto es para evitar que la caja quede chica y haya que apelmazar al texto. Otro consejo es usar colores oscuros para el texto y claros para las cajas.

Símbolos

Los símbolos sirven para contextualizar tanto lugares como fechas y suelen emerger del lenguaje grupal.

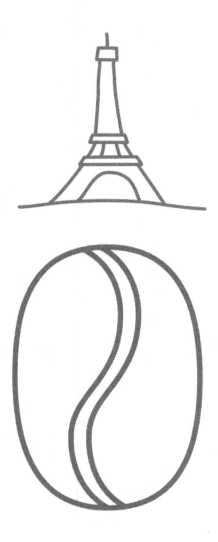

Efectos

Los efectos, como la sombra o el brillo se pueden usar para resaltar los elementos dibujados, energizarlos o enfatizarlos.

CUIDADO: es importante ser consistente en el uso de las sombras y hacerlas todas hacia el mismo lado.

Práctica

Ahora te invito a practicar con algunos ejercicios compartidos por el Hada.

Este primer ejercicio consiste en dibujar las personas. Para descubrirlas, sólo es necesario unir los puntos de los siguientes gráficos:

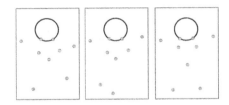

En este segundo ejercicio, te invito a descubrir un equipo de personas. Para ello, repasa las líneas:

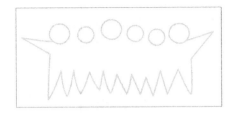

Ahora, te propongo copiar a las figuras de personas a mano alzada. Puedes probar dos veces con cada figura.

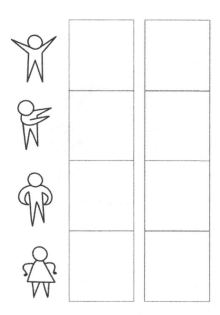

NOTA: Si estás leyendo la versión digital del libro, intenta hacer los dibujos en una hoja de papel.

Facilitación gráfica

Podríamos decir que la facilitación gráfica es una evolución de la documentación gráfica.

Un facilitador gráfico no sólo documenta conversaciones mediante dibujos, sino que también interviene en el proceso participativo y colaborativo de un grupo de personas para asistirlas en el logro de un objetivo concreto.

He invitado a Zulma Patarroyo, referente internacional del tema, para que comparta un poco más sobre las diferencias y similitudes entre documentación y facilitación gráfica.

Encuentro con expertos: Zulma Patarroyo

Fundadora y directora de PATALETA, una empresa de facilitación y documentación gráfica. Zulma tiene varios años de experiencia internacional en diseño y facilitación de procesos de aprendizaje en organizaciones de todos los sectores.

@PataletaNet

¿Documentación gráfica? ¿Facilitación gráfica? ¿Iguales? ¿Distintas? A quien le importa...

En mi experiencia documentando y como facilitadora gráfica he encontrado diversas definiciones.

Mi propia definición también ha cambiado con el tiempo. En este momento, considero que existe un continuo progresivo entre la documentación gráfica y la facilitación gráfica. No es tanto que una contiene a la otra, sino más bien que las dos se complementan e interactúan entre sí. La documentación se puede incluir dentro de diseños de procesos participativos y, de manera intencionada o no, puede contribuir a facilitar el aprendizaje.

Desde mi punto de vista, todo tiene que ver con el rol de la persona que está haciendo el trabajo, el uso que se le dé a estas herramientas gráficas y el nivel de involucramiento de los participantes con los elementos gráficos.

Documentación gráfica

En este caso, el énfasis está en documentar y crear una memoria gráfica: una traducción casi simultánea a texto e imágenes de cosas que otros comparten oralmente. Si es en el marco de un taller, la documentación gráfica se realiza en los momentos de plenario; si se trata de un seminario, conferencia, foro, panel o algo por el estilo, la documentación gráfica se realiza mientras el o la conferencista hace su presentación oral. Esto es lo que suele presenciarse en muchos eventos en los que se invita a expertos a compartir sus proyectos o experiencias en formato conferencia o panel. En esos casos, hay un documentador gráfico que traduce lo que se expresa verbalmente en una síntesis visual la cual, si es posible, se exhibe en el mismo lugar del evento. Posteriormente se comparten estas memorias gráficas de forma digital y, en algunos casos, en formatos impresos.

Si bien la documentación gráfica impacta la forma en que los asistentes escuchan y procesan la información compartida, invita a conversaciones más profundas y motiva a continuar explorando y aprendiendo, es principalmente algo que resume gráficamente lo que otros compartieron de forma hablada y que quedará como su memoria visual.

La documentación gráfica se hace en papel de gran formato o en soportes digitales y el proceso de síntesis gráfica es visible para los participantes.

Existen prácticas relacionadas, como el *sketchnotetaking* o *grafinotas* en español que, a diferencia de la documentación gráfica, se hacen de forma individual y no se busca que los participantes de un evento tengan acceso a ellas durante el mismo.

En síntesis:

- Quien **documenta gráficamente** escucha y produce la síntesis gráfica.
- Se **usa** principalmente como memoria que se comparte después del evento y, en algunas ocasiones, se exhibe también durante el evento.
- Los **participantes** del evento son observadores pasivos.

Facilitación gráfica

En este caso, el énfasis está en la facilitación, es decir, cómo las herramientas visuales son utilizadas intencionalmente en procesos participativos de aprendizaje, diálogo y planeación estratégica, entre otros.

Desde mi punto de vista, es un error usar la palabra *facilitación* como un sustantivo, como cuando alguien dice "te quedó preciosa esa facilitación" refiriéndose a la síntesis gráfica hecha en un papel durante un evento. La facilitación no es una cosa, es una acción.

Algunos ejemplos de facilitación gráfica son:

- El uso de herramientas gráficas de manera intencional para promover la participación de las personas, generalmente en espacios de taller.
- El pre-diseño de metáforas gráficas para completar frente a un grupo y, así, explicar una teoría, una historia, un modelo, un concepto.
- El pre-diseño de plantillas visuales, para que los participantes, a través del uso de la herramienta gráfica, puedan tener una conversación organizada, llegar a acuerdos y ver, en un sólo espacio, la globalidad de un proyecto
- El diseño de agendas de gran formato en un taller, carteleras explicativas, matrices de registro o plantillas de cosecha para facilitar el diálogo en metodologías como Espacio Abierto, Café del Mundo o Café Pro-acción.
- El uso de un lienzo de documentación gráfica (que nosotros solemos llamar *pataleta*) como insumo para una conversación.

En síntesis:

- El **facilitador gráfico** diseña y facilita actividades participativas utilizando herramientas gráficas. Una de las herramientas puede ser la documentación gráfica, en la que se trabaja en equipo con alguien encargado de documentar. Otras herramientas son: plantillas de gran formato o individuales, carteleras, tarjetas etc.

- Se **usa** para actividades participativas de aprendizaje, ideación y planeación estratégica, entre otras.
- Los **participantes** son activos, interactúan con las herramientas gráficas, producen síntesis de textos y, algunas veces, a partir de imágenes en plantillas gráficas, tienen conversaciones motivadas por dichas imágenes.

Para reflexionar

Toma unos minutos y reflexiona sobre el tema tratado en este capítulo.

A continuación comparto algunas preguntas para que te hagas y, si quieres, también respondas.

1. Piensa, lee y relee el siguiente micro-cuento:

El Diluvio[1]

Por temor a mojarse esperó toda su vida, sentado junto a la ventana, a que terminara de llover para salir de su casa en busca de sus sueños.

Fin.

2. *Toma un lápiz y haz un dibujo que refleje el texto anterior:*

3 . *¿Qué opinas del dibujo que acabas de hacer?*

4. *¿Qué opinas de ti, cómo te viste, haciendo el dibujo?*

5. *¿Qué sientes si te pido que muestres el dibujo a la persona que tengas más cerca en este momento?*

6. *¿Qué crees que esa persona pueda opinar sobre tu dibujo?*

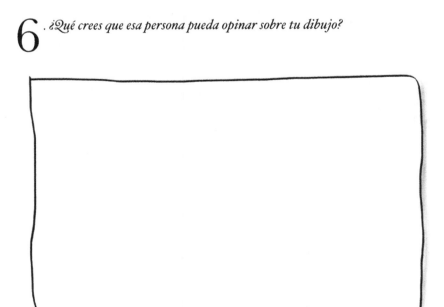

7. *Si te animas, muéstraselo a esa persona y pregúntale qué opina. ¿Hubo diferencias entre lo que esperabas que opinara y su opinión real?*

8. *¿Cómo te sentiste mostrándole el dibujo?*

9. *Ahora, volviendo a tu persona, ¿cómo te recuerdas, en tu infancia, dibujando?*

1 0. *¿Cuánta distancia hay entre tu niño dibujante y tu dibujante adulto? Si hay mucha distancia ¿A qué lo atribuyes?*

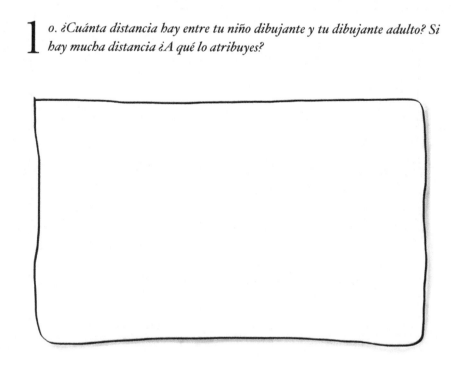

1 1. *Identifica alguna actividad en la que te ves con destreza. Puede ser un juego, un hobby, un instrumento. ¿Cómo te sentías cuando comenzaste a realizarla?*

1 *2. ¿Cómo te sientes ahora al verte con esa destreza desarrollada?*

1 *3. ¿Qué opinas del proceso de aprendizaje?*

5

LA COLABORACIÓN

Hasta aquí hemos tratado temas como la facilitación, el rol del facilitador y las actitudes esperadas. También hemos visto diferentes herramientas útiles tanto para proponer la estructura de una reunión como para documentar de una manera atractiva lo que allí suceda.

Un aspecto muy importante en la facilitación de un equipo Ágil es el respeto por la autonomía en la toma de decisiones de estos equipos de trabajo. Ser conscientes de este aspecto nos previene de intervenir donde no corresponde, por ejemplo: involucrarnos en las conversaciones e incidir o modificar su contenido; dar órdenes en lugar de invitar; conducir la toma de decisiones hacia los resultados que nosotros creemos convenientes, etc.

Para ayudar a promover la autonomía en los equipos Ágiles

—verdaderos protagonistas de los procesos que facilitamos-, en este capítulo nos centraremos en las **conversaciones colaborativas** y revisaremos prácticas y herramientas sobre este tema, que pueden aplicarse en la facilitación.

Facilitando procesos colaborativos

Una de las habilidades que tienen los equipos auto-organizados es su capacidad para tomar decisiones de manera colaborativa y autónoma.

Dado que parte de mi trabajo está dedicado a promover este tipo de espacios y dinámicas dentro de los grupos y equipos, he investigado bastante al respecto.

Hace unos años conocí un modelo que me pareció extremadamente claro, se llama el Diamante de la Toma de Decisiones Participativa (Kaner, 2007).

Kaner identifica cinco etapas -que denomina zonas- que componen al diamante: [1] zona habitual[1], [2] zona de divergencia, [3] zona de quejidos, [4] zona de convergencia y [5] cierre.

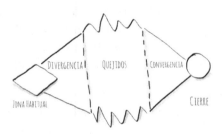

Una vez planteado un desafío, la **zona habitual** se presenta cuando el grupo encuentra una solución aparentemente obvia. Como facilitador, es importante promover la participación de cada una de las personas durante este proceso. Si identificas que no todos han participado de la conversación o que hay al menos una persona disconforme con el resultado, ayuda al grupo a salir de esta **zona habitual** y a pasar a la **zona de divergencia**.

La **zona de divergencia** genera un ambiente diferente a la anterior. Esta zona es para explorar, imaginar, idear y compartir. Aquí, el desafío del facilitador es acompañar al grupo en esta exploración. Es fundamental promover un clima de confianza y transparencia para que participe la mayor cantidad de personas. Es importante minimizar posibles sensaciones de imposibilidad en los participantes a la hora de compartir sus diferentes puntos de vista.

Técnicas tales como el *Brainstorming* y el *BrainWriting* se pueden utilizar en esta zona para abrir el juego a la diversidad de ideas y propuestas.

Una vez que todos los participantes hayan expresado sus

ideas es muy probable que aparezcan incomodidades, ansiedades y reine cierto estrés en el aire. Esto es normal, bienvenidos a la **zona de quejidos**.

El rol del facilitador es clave en esta zona, en especial para evitar los intentos del grupo por evadir este momento o situación. Es importante guiarlos hasta allí y acompañarlos a navegarla. Esta es la zona del entendimiento mutuo, del compartir y contrastar impresiones, construir significados compartidos, entenderse, escucharse.

Es una zona incómoda, desafiante y es probable que todos quieran salir pronto de allí. No te apures buscando un determinado resultado, simplemente respira profundo, facilita y acompaña.

La **zona de convergencia** aparece cuando el grupo comienza a encontrar su camino y se ve una luz al final del túnel. Esta es la zona en la cual se generan acuerdos, vuelve el entusiasmo y las discusiones, se descartan ideas y se seleccionan otras.

Hacia el final, una decisión debe ser tomada y se recomienda también que se defina un plan de acción aceptado por todos. Este es el momento de **cierre** del diamante.

Luego de este breve recorrido por las diferentes zonas del Diamante de Kaner, te invito a conocer una serie de herramientas que pueden ayudar en la facilitación de cada etapa.

Herramientas para la participación

En el inicio del diamante lo importante es fomentar la participación de las personas ya que se está ingresando en la zona de divergencia. A continuación presento algunas herramientas que pueden ayudar a fomentar esta participación.

Brainstorming

El *Brainstorming*, o Lluvia de Ideas, es una técnica que se utiliza para crear muchas ideas en un corto período de tiempo. Ayuda al equipo a ampliar su pensamiento para incluir ideas que abarquen todas las dimensiones de un problema o una solución. Por lo general, la cantidad de ideas generadas es demasiado grande como para accionar sobre ellas. Por esta razón, luego deben ser filtradas, priorizadas y agrupadas de manera colaborativa.

Para que una sesión de *Brainstorming* sea efectiva, te recomiendo atender las siguientes situaciones:

1. Evitar que se critiquen las ideas.
2. Registrar cada idea de manera visible, en una nota autoadhesiva, en un *flipchart* o en una pizarra.
3. Chequear que todos entiendan lo que el presentador de cada idea está proponiendo.
4. Cuidar que el proceso de ideación no se extienda más del tiempo acordado,

Existen diferentes formas de facilitar *una sesión de Brainstorming*, las hay más o menos estructuradas. A continuación, te invito a recorrer algunos modelos posibles.

1. *Brainstorming* emergente

El facilitador invita a los participantes a compartir en voz alta las ideas que se le vengan a la cabeza, mientras las va registrando en un *flipchart*. Esta dinámica puede durar de 10 a 15 minutos. Una limitación de esta propuesta es que sólo participen los miembros más extrovertidos del grupo y que los introvertidos, al ser más reservados con sus ideas, no participen en el proceso.

2. *Brainstorming* guiado

Esta dinámica implica agregarle una capa de estructura al *Brainstorming*. A partir del problema a resolver o la pregunta a responder, el facilitador invita a los participantes a escribir sus ideas en silencio e individualmente, en notas autoadhesivas o fichas de papel. Esta forma de registro evita que los participantes se influencien entre sí. La duración ideal de este proceso debería ser entre 5 a 10 minutos.

> *La ideación en paralelo*
> *y en silencio evita que*
> *los participantes*
> *se influencien entre sí.*

Luego del registro en silencio, se solicita a cada participante que presente sólo una idea hasta completar la ronda de personas. Este procedimiento se repite hasta hacer tantas rondas como ideas tengan los participantes.

Otra posibilidad es que cada participante presente todas sus ideas antes de pasar al siguiente. En ese caso, si una persona tiene una idea que ya fue presentada por otro, puede comunicarlo y colocarla en una nota autoadhesiva al lado de la idea original, levemente superpuesta a ella o simplemente anotar "+1" en la idea presentada por el otro participante.

3. *Brainstorming* itinerante

Esta variante del *Brainstorming* fomenta el movimiento físico y el traslado en el espacio.

La dinámica comienza formando grupos de cuatro o cinco personas distribuidas en estaciones de trabajo. Cada estación puede tener un *flipchart* en la mesa o pegado en la pared.

Cada grupo cuenta con un tiempo estipulado -entre 5 y 10 minutos- para proponer ideas sobre el tema que está siendo tratado y registrarlas en su lámina. Al concluir ese tiempo, las láminas quedan en las estaciones correspondientes y todos los grupos de personas rotan de estación. Los grupos se encuentran en las nuevas estaciones con la lámina de ideas registradas por el grupo anterior y disponen entre 5 y 10 minutos más para agregar nuevas ideas. La rotación se repite hasta que cada grupo vuelve a su estación inicial y se encuentra con su lámina original llena de nuevas ideas. Finalmente, cada grupo realiza un resumen de lo hallado y lo presenta.

Como alternativa, cada estación puede tener un tópico diferente, lo cual promueve que todos los participantes puedan aportar su visión a medida que van rotando.

BrainWriting

BrainWriting (King, 1998) es una evolución del *Brainstorming*. Una técnica conocida también con el nombre 6-3-5. El nombre se debe a que el proceso comprende seis rondas (6) de tres ideas cada una (3), durante cinco minutos cada ronda (5).

Para el *BrainWriting* se utilizan hojas de papel que contienen un espacio en blanco en la parte superior y una tabla de tres columnas por seis filas. Se reparte una hoja por participante y se los invita a escribir una pregunta que represente el desafío o la problemática para la cual se quiere proponer ideas, por ejemplo "¿Cómo podríamos elevar la satisfacción de nuestros clientes de consultoría?".

Tan pronto todos los participantes hayan escrito la pregunta, tienen cinco minutos para proponer tres ideas de forma escrita, en silencio e individualmente, las cuales ubicarán en las tres celdas de la primera fila de la tabla.

Al finalizar los cinco minutos, cada participante pasa su hoja a la persona de al lado (conviene definir una dirección

-izquierda o derecha- y mantenerla a lo largo del ejercicio), quien tendrá otros cinco minutos para proponer tres ideas en la siguiente fila de la tabla. Estas ideas pueden estar inspiradas por las anteriores, ampliar las anteriores o ser completamente nuevas.

El proceso sigue hasta que la hoja haya pasado por seis participantes, quienes en conjunto habrán completado las seis filas de la tabla, con un total de 18 ideas.

Al final del proceso los participantes comparten las ideas registradas en sus hojas, eliminan los duplicados y las registran de manera visible para todos.

Una alternativa a la tabla de tres columnas por seis filas es utilizar una hoja de papel con 18 notas autoadhesivas dispuestas en tres columnas y seis filas. Las ideas se escriben sobre las notas autoadhesivas y, al finalizar, se despegan y se organizan para ser mostradas.

Por lo general, un proceso de *BrainWriting* es seguido por algún proceso de selección y priorización de las ideas de manera colaborativa.

Pequeños grupos de personas

Hay ocasiones en que los grupos grandes no son la mejor opción para debatir y tomar decisiones de forma participativa. Algunos síntomas claros de esta situación son: la falta de participación de muchos, el uso que unos pocos hacen del espacio para hablar , varias conversaciones en paralelo, falta de atención, dispersión, etc.

En estos casos se puede dividir el grupo grande en varios grupos pequeños, de entre 4 y 6 personas cada uno. A diferencia del grupo grande, el grupo pequeño fomenta la participación, las conversaciones en paralelo son menos usuales, genera un ambiente de mayor intimidad, cada persona tiene más tiempo para expresarse y es mucho menos inhibidor.

Conversar en grupos pequeños da
más tiempo para que cada uno se
exprese y es mucho menos inhibidor.

Una limitación de dividir el grupo grande en pequeños grupos es que las conversaciones y sus conclusiones quedan aisladas dentro de cada grupo pequeño y no se hacen visibles al exterior. Para evitar esta situación, cada pequeño grupo puede reportar el resultado de sus conversaciones al resto del auditorio en el cierre del evento. Es importante que esta consigna se explicite claramente desde el principio, para que cada pequeño grupo seleccione una persona encargada del reporte y prepare el resumen de su conversación y resultados.

Si se usa esta herramienta dentro de la zona de divergencia del Diamante de Kaner, no es necesario buscar consenso o darle un cierre a cada conversación porque es una zona focalizada en abrir posibilidades.

Herramientas para la conversación

Hay diferentes herramientas y técnicas que se pueden utilizar para fomentar conversaciones colaborativas dentro de un grupo de trabajo. A continuación comparto una serie de ellas, posibles de utilizar en cualquier zona del Diamante de Kaner, especialmente en las zonas de quejidos y de convergencia.

Ecualizadores

A inicios de la década de 2000, tuve la oportunidad de participar en un proyecto de automatización de la línea de producción de varias plantas de empaque de frutas y hortalizas del sur de la Argentina. En la reunión inicial, junto con los interesados, recuerdo que la conversación principal se enfocaba en la importancia relativa que tenía el alcance (todo lo que había que hacer), el cronograma (fechas determinadas por la legislación y oportunidades en Europa) y la satisfacción del cliente (los usuarios de la línea de producción). La discusión llevó bastante más tiempo de lo imaginado y muchas personas tenían opiniones que, por momentos, parecían contradictorias: en un momento opinaban determinada cosa, en otro cambiaban de opinión sin razón aparente. En esa reunión no hubo mucho acuerdo y hubo poca claridad hacia el futuro. No nos sorprendió cuando, algunas semanas después del inicio del proyecto aparecieron inconvenientes debido a malos entendidos.

Unos años más tarde, entre 2008 y 2009, me encontré en una situación similar en un proyecto muy parecido: eran prácticamente los mismos objetivos pero en una línea de producción tabacalera.

Esta vez decidí cambiar mi enfoque para abordar la discusión sobre la importancia relativa del alcance vs. el cronograma vs. los riesgos vs. la satisfacción del cliente vs. la satisfacción del equipo de desarrollo.

Junto con un co-facilitador marcamos una gran línea con cinta autoadhesiva en el piso y propusimos que esa línea fuera un deslizador (como los controles de volumen de las radios y televisores de la década del 80) para determinar la importancia de cada aspecto por vez. Establecimos un extremo como el de "alta importancia" y el extremo opuesto como el de "baja importancia".

La primera consigna fue solicitar a cada persona que se parara en el lugar de la línea que consideraba correcto para determinar el nivel de importancia del alcance. Cada uno se paró en diferentes lugares y se generó una conversación hasta lograr un consenso al respecto. Luego dibujamos la línea con la medida consensuada en una pizarra y pasamos a una nueva consigna referida al cronograma. Procedimos de la misma manera y lo repetimos hasta cubrir todos los aspectos a evaluar en esa reunión.

Al finalizar, el dibujo en la pizarra mostraba el consenso sobre la importancia relativa de cada uno de los aspectos tratados.

Durante el desarrollo del proyecto, esta información estuvo siempre disponible y referenciada. De esta manera, se evitaron muchos malos entendidos y errores en la comunicación de las prioridades.

Esta técnica de facilitación puede ser de ayuda para que un grupo de personas discuta sus posiciones y opiniones sobre algún tema en particular.

El primer paso es marcar una línea física (con cinta o hilo) o imaginaria.

Luego indica a los participantes el significado de los extremos, por ejemplo: "estoy totalmente de acuerdo" y "estoy totalmente en desacuerdo".

Transforma el tema de debate en una afirmación, por ejemplo: "el alcance de este proyecto es fijo" o "el cronograma de este proyecto no se puede alterar por nada". Solicita a los participantes que se dispongan en la línea según sus opiniones en relación a la afirmación.

Propone conversaciones de a pares en las cuales, cada participante le cuenta a la persona que tiene al lado la razón por la cual está parado en ese lugar de la línea. Es probable que las personas cambien de posición durante esta conversación.

Luego, pide a cada pareja que comparta sus conclusiones con el resto de las personas y, al finalizar, acompaña al grupo a lograr el consenso sobre el lugar que adoptarán para la afirmación en cuestión.

Al finalizar cada tema, acompaña al grupo a lograr el consenso.

Esta técnica de ecualización ayuda a lograr consensos sobre diferentes tópicos y, a la vez, plantea un desafío en relación a la atención y al foco, ya que puede dar pie a que las conversaciones sobre los temas se vuelvan muy dispersas.

Fishbowl (pecera)

El *fishbowl* es una dinámica de conversación que se puede utilizar para generar espacios de diálogo sobre diferentes temas en grandes grupos.

Al iniciar la actividad, se disponen cuatro o cinco sillas en forma circular, todas miran hacia adentro. Ese círculo es lo que se denomina *fishbowl* o pecera.

Por fuera de ese círculo y algo alejado, se coloca el resto de las sillas en círculos concéntricos, rodeándolo.

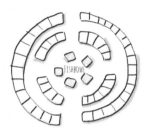

En el *fishbowl* se ubican las cuatro o cinco personas que quieran iniciar el diálogo. En las sillas externas se ubica el resto de los participantes de la reunión.

En caso de facilitar un *fishbowl* **en modo abierto** es importante que una de las sillas centrales quede libre. Si se facilitar un *fishbowl* **en modo cerrado**, se ocupan todas las sillas centrales.

La dinámica comienza con los participantes del centro que inician una conversación sobre el tema a tratar. El resto de los participantes observan y escuchan en silencio.

En un *fishbowl* abierto, cualquiera de los participantes de las sillas externas puede caminar, sentarse en la silla vacía y participar en la conversación. Como siempre debe quedar una silla vacía, algunas de las personas que ya estaban participando en la conversación se retira voluntariamente, dejando su silla vacía para que, eventualmente, cualquier otra persona del círculo externo tome ese lugar. Este movimiento se repite tantas veces como los participantes quieran participar y hasta completar el tiempo preestablecido.

En un *fishbowl* cerrado, que no tiene sillas vacías en el círculo central, el facilitador preestablece un determinado tiempo para que los participantes conversen sobre el tema en cuestión. Al finalizar ese tiempo, todos los participantes abandonan el círculo central y un nuevo grupo de participantes ocupa las sillas, repitiendo el ciclo hasta completar el tiempo total preestablecido para la dinámica.

Al finalizar cualquiera de ambas modalidades de *fishbowl*, el facilitador realiza un resumen de los temas y principales puntos discutidos. Esta dinámica se puede acompañar con documentación gráfica.

World Café

A principios de 2009 tuve la oportunidad de facilitar un proceso conversacional en una empresa dedicada a la gastrono-mía. A diferencia de años anteriores -en que sólo los propietarios de la empresa confeccionaban la oferta gastronómica-, esta vez querían diseñar la nueva oferta (platos, postres, entradas, menús) de manera colaborativa, junto a los empleados.

Se trataba de un grupo de 23 personas incluyendo dueños, meseros, cocineros, chefs, administrativos y personal de limpieza. Comenzamos el día dividiendo a los participantes en cinco pequeños grupos de cuatro personas cada uno y uno de tres personas. Los grupos se ubicaron en diferentes mesas del restaurante y cada mesa tenía una lámina en blanco, marcadores y notas autoadhesivas.

Comenzamos una conversación de 20 minutos en la que cada pequeño grupo tenía que responder a la pregunta: *¿Qué nos inspira en este trabajo y nos empuja a seguir adelante?*

Pasados esos 20 minutos, cada grupo dejó un anfitrión en su mesa y los demás se distribuyeron en las otras mesas, formando nuevos grupos.

En esta segunda vuelta, dispusimos 20 minutos para conversar y responder a la pregunta: *¿Cómo creemos que podemos hacer una diferencia significativa en la experiencia de nuestros clientes?*

Al finalizar esa segunda conversación, los participantes

-excepto el anfitrión- volvieron a rotar de mesas formando nuevos grupos. Los siguientes 20 minutos se dedicaron a responder a la pregunta: *¿Qué cambios concretos harías en nuestra oferta (entradas, platos, postres y menús) para garantizar una mejor experiencia de nuestros clientes?*

Al finalizar los tres ciclos de conversaciones hicimos una puesta en común y de allí salieron los cambios para la nueva oferta del restaurante.

Esta actividad que acabo de relatar se trata de un caso real en el que aplicamos la técnica denominada *World Café* que consiste en la distribución de un grupo grande en mini-grupos de trabajo de entre 4 y 5 personas cada uno.

El lugar se ambienta simulando un café. Cada mesa tiene como mantel una lámina en blanco para fomentar la escritura y el uso de notas auto-adhesivas.

Una vez conformados los pequeños grupos, las conversaciones se suceden en tres o más ciclos de 20 minutos cada uno. Al final de cada ciclo los individuos se trasladan hacia otras mesas dejando un anfitrión en la mesa y forman nuevos mini-grupos.

Cada ciclo de conversación está guiado por una pregunta poderosa elaborada especialmente para esa ocasión. Varios ciclos pueden utilizar una misma pregunta.

Al finalizar los ciclos de conversaciones, los anfitriones de mesa presentan, en pocos minutos definidos previamente, lo trabajado en sus mesas y luego, una vez escuchadas todas las presentaciones se pasa al momento de acuerdo y consenso. El resultado final se puede plasmar en láminas a través de documentación gráfica y videos y, también publicarlo en redes sociales.

Una Organización de Expertos: World Café Community Foundation

La misión de la World Café Community Foundation es transformar el mundo para el beneficio de la vida en su totalidad, a través de la convocatoria y el apoyo a las conversaciones colaborativas en todo el mundo.

@TWCcommunity - http://www.theworldcafe.com

La *World Café Community Foundation* recomienda los siguientes principios para el diseño de una buena dinámica:

. . .

1) Configurar el contexto

Es importante prestar atención a la razón por la que se reúnen las personas y lo que quieren lograr. Conocer el propósito y los parámetros de su reunión permite examinar y elegir los elementos más importantes para hacer realidad sus objetivos, por ejemplo: qué cosas o aspectos deben ser parte de la conversación, qué temas o preguntas serán más pertinentes, qué tipo de rescate será más útil, etc.

2) Crear un espacio acogedor

Los anfitriones de *World Café* de todo el mundo hacen hincapié en la importancia y el poder que tiene crear un espacio seguro y acogedor. Cuando la gente se siente cómoda al ser ellos mismos, son más creativos en sus pensamientos, su expresión y su capacidad de escucha. Por esta razón, es importante considerar cómo nuestra invitación y la configuración física del espacio contribuirán a crear un ambiente acogedor.

3) Explorar preguntas que importen

El conocimiento surge respondiendo preguntas atractivas. Es fundamental encontrar preguntas relevantes para las preocupaciones de la vida real del grupo. Las preguntas poderosas atraen la energía colectiva, la visión y la acción. En función del tiempo disponible y de los objetivos planteados, en el *World Café*, se puede explorar una sola pregunta o aplicar un nivel cada vez más profundo de exploración a través de varias rondas de conversación.

4) Fomentar la contribución de todos

Como líderes, somos cada vez más conscientes de la importancia de la participación, pero la mayoría de las personas no sólo queremos participar, también queremos contribuir activamente para hacer una diferencia.

Por esta razón, es importante animar a todos a contribuir con sus ideas y puntos de vista y, a la vez, aceptar y recibir a toda persona que sólo quiera participar simplemente escuchando.

5) Conectar perspectivas diversas

La oportunidad de moverse entre las mesas, conocer personas nuevas, contribuir activamente en su forma de pensar y vincular la esencia de sus descubrimientos en los círculos de pensamiento cada vez más amplios, es una de las características distintivas del *World Café*. A medida que los participantes llevan ideas o temas claves a las nuevas mesas, intercambian puntos de vista y enriquecen enormemente la posibilidad para que aparezcan nuevas ideas sorprendentes.

6) Escuchar ambas cosas: patrones y perspectivas

Escuchar es un regalo hacia los otros. La calidad de nuestra escucha es, quizás, el factor más importante que determina el éxito de un *World Café*.

A través de la práctica de la escucha compartida y prestando atención a temas, patrones y perspectivas, empezamos a sentir una conexión con un todo más grande. Por eso, es importante animar a las personas a escuchar lo que no se dice, junto con lo que se está compartiendo en voz alta.

7) Compartir descubrimientos colectivos

Las conversaciones mantenidas en una misma mesa reflejan un patrón de totalidad que conecta con las conversaciones en las otras mesas. La última fase del *World Café*, a menudo denominada la *cosecha*, implica mostrar a todos este patrón de totalidad en una gran conversación con el grupo completo.

Para ello, se invita primero a reflexionar unos minutos

en silencio sobre los patrones, temas y preguntas más profundas experimentadas en las pequeñas conversaciones en las mesas y, luego de esta meditación, a compartir lo reflexionado con el grupo más grande.

Se aconseja disponer de alguna forma para registrar la cosecha, por ejemplo, trabajar con un documentador gráfico suele ser muy útil en este momento de la jornada.

Puedes visitar el sitio web de la *World Café Community Foundation* para acceder a una gran cantidad de recursos: *http://www.theworldcafe.com*

ProAction Café

En octubre de 2014 tuve la oportunidad de participar en las *Jornadas Latinoamericanas de Metodologías Ágiles*, desarrolladas en Medellín, Colombia. El último día se realizó un Espacio Abierto donde las personas podían proponer diferentes sesiones y temáticas (más adelante ampliaré este tipo de dinámica). Una de las sesiones, propuesta por un participante, tenía como tema principal la motivación en equipos auto-organizados y, quien la propuso, me invitó a ser el facilitador de dicha sesión, a lo cual accedí.

Veinte minutos más tarde me dirigí a la sala acordada y comenzaron a llegar los participantes. Fue genial el éxito que tuvo la convocatoria a esa sesión, las personas no paraban de llegar. En un momento recuerdo haber contado cerca de ciento veinte personas y seguían llegando. El desafío que yo me había planteado era ser el facilitador y no el expositor.

Para comenzar propuse a los participantes compartir sus inquietudes sobre el tema. Surgieron varias, por ejemplo: motivación en equipos remotos; en equipos sin jerarquías; en equipos con actividades monótonas; en equipos bajo presión; en equipos recientemente conformados, etc.

Para cada inquietud invité a personas que hubieran pasado por una experiencia real asociada a esos temas y los identificamos como los *anfitriones* y se conformaron grupos de no más de cinco a seis personas alrededor de cada anfitrión.

Cada pequeño grupo colocó una lámina en blanco en la pared y anotó en la parte superior, con letras grandes y visibles, su temática, la cual podía repetirse con la de otro grupo. Cada anfitrión contó su experiencia real asociada a la inquietud de ese grupo de personas.

Luego, los participantes pasaron 20 minutos conversando con el anfitrión y generando ideas que respondieran a la pregunta "¿Cuál es la búsqueda detrás de esta inquietud?". La idea de este ciclo conversacional era ir más allá de lo evidente.

Al cabo de esos 20 minutos, los invitados rotaron hacia otra lámina. El anfitrión quedó junto a su lámina como el dueño de la inquietud.

Cuando un grupo llegaba a la nueva lámina, el anfitrión dedicaba 5 minutos para ponerlos al tanto de lo discutido con el grupo anterior. Luego, los nuevos participantes dedicaban 20 minutos a responder a la pregunta "¿Qué es lo que se hizo hasta el momento? ¿Cuál es el estado del proyecto? (si correspondía) ¿Qué es lo que está faltando?". Las respuestas las presentaban en notas autoadhesivas que pegaban en la lámina.

Al cabo de esos 20 minutos se hizo una nueva rotación con la misma dinámica anterior. Después de interiorizarse sobre las nuevas láminas, los anfitriones dedicaron otros 20 minutos a reflexionar y responder a las siguientes preguntas "¿Qué aprendí sobre mí mismo? ¿Qué estoy aprendiendo de mi proyecto o inquietud? ¿Cuáles serán mis próximos pasos? ¿Qué ayuda puedo necesitar?". Las propuestas fueron escritas en notas autoadhesivas y pegadas en las láminas.

Luego de estos últimos 20 minutos los participantes volvieron a sus láminas originales y pasaron 10 minutos conversando con cada anfitrión los hallazgos, respondiendo a las preguntas: "¿De qué estoy agradecido? ¿Qué voy a hacer a partir de ahora?" y registrando sus respuestas gráficamente. Al finalizar publicaron sus gráficos en Twitter con el *hashtag #MotivandoEquipos2014*.

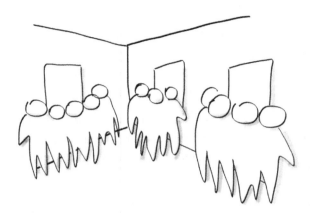

Esta experiencia que acabo de relatar es la implementación de la técnica *ProAction Café*. Esta técnica es una mezcla de espacio abierto y World Café. La dinámica, a modo de sistematización, sería la siguiente:

1. Cada persona que tiene una inquietud, la comenta al grupo y elige una mesa. Esa persona se convierte en el anfitrión de la mesa.
2. Una vez se arman todas las mesas, el resto de las personas se distribuyen hasta completar 4 ó 5 personas por mesa.
3. Se realizan tres ciclos de conversaciones de 20 minutos cada uno, respondiendo respectivamente a las siguientes preguntas:
4. Ciclo 1: ¿Cuál es la búsqueda detrás de la inquietud?
5. Ciclo 2: ¿Qué está faltando? ¿Cómo podríamos completar la escena?
6. Ciclo 3: ¿Qué aprendí sobre mi inquietud? ¿Cuáles serán mis próximos pasos? ¿Qué ayuda puedo necesitar?
7. Los invitados rotan de mesa entre ciclo y ciclo. El anfitrión se queda en la mesa.
8. Al finalizar los tres ciclos se hace una puesta en común, en la que cada anfitrión cuenta al grupo completo:
9. ¿De qué estoy agradecido? y ¿Qué aprendizaje me llevo?
10. ¿Qué voy a hacer al respecto?

Lean Café

En noviembre de 2014 nos reunimos en Medellín prácticamente todos los miembros de Kleer. Se trata de reuniones anuales que llamamos *plenarias*.

En aquella oportunidad, decidimos hacer una lista de temas para tratar y emergieron muchísimos. Teníamos claro que no podríamos tratar todos. Entonces, ¿qué hicimos? Los priorizamos, los ordenamos y fuimos tratando de a uno a la vez.

Cada vez que comenzábamos con un nuevo tema, poníamos un cronómetro de 10 minutos para tratarlo. Al cabo de ese tiempo, hacíamos una votación romana: cada uno indicaba con el pulgar hacia arriba si quería seguir con ese tema, el pulgar hacia un lado si le era indistinto o el pulgar hacia abajo si quería pasar a otro tema.

Si la mayoría de los pulgares apuntaban hacia arriba, le dedicábamos otros 5 minutos más. Si sólo la mitad de los pulgares estaban hacia arriba le dedicábamos 2 minutos más y si los pulgares hacia arriba eran minoría, pasábamos a otro tema. Cuando el tiempo adicional se cumplía, se hacía una nueva votación y reiniciábamos el ciclo. Esto es lo que se denomina *Lean Café*, otra técnica que puede ser de ayuda a la hora de tratar varios temas.

La posibilidad de votar al final de cada ciclo permite que el grupo elija conscientemente si quiere seguir asignando más tiempo a un tema, sabiendo que le está quitando tiempo al tratamiento de otros tópicos.

Herramientas para la decisión

Una vez recorridas las zonas de divergencia y de quejidos, y habiendo ideado nuevas posibilidades, explorado diferentes opciones, compartido perspectivas, y analizado nuestras propias formas de ver el mundo contrastándolas con la de los demás, es hora de comenzar a converger para cerrar el proceso con una decisión.

Para iniciar el momento de convergencia hay varias técnicas y enfoques que se pueden utilizar. En este apartado presento algunos de ellos.

Asociación por afinidad

En muchas conversaciones de grupo emergen diversas ideas que podrían ser agrupadas por afinidad según diferentes criterios. Esto mismo sucede durante una sesión de *Brainstorming* o *BrainWriting*.

En estos casos, se puede recurrir a la asociación por afinidad para agrupar ideas y luego priorizarlas, ordenarlas, y votarlas.

Los pasos a seguir para una asociación por afinidad son:

1. Utilizar notas autoadhesivas para registrar las ideas en un lugar visible como un *flipchart* o una pared.
2. Invitar a los participantes a agrupar las notas por afinidad. Este es un proceso que se realiza en silencio hasta que todos los participantes hayan terminado.
3. Identificar cada agrupamiento con un nombre consensuado por el grupo.
4. Una vez identificados los grupos de ideas, se puede continuar trabajando con la técnica de preferencia, sólo es necesario enfocarse en dichos agrupamientos como una unidad de trabajo.

Votación por puntos

Me declaro un fanático de los *Parking Lots*. En casi todos los talleres que facilito dispongo un espacio específico en dónde registrar las ideas y preguntas para discutir y responder más tarde. Hacia el final del taller, suelo reservar un espacio de entre 45 y 60 minutos para repasar todo aquello que se haya registrado en el *Parking Lot*. Claro que no siempre ese tiempo alcanza: muchas veces la cantidad de ítems son tantos que no es posible abordarlos a todos.

En estos caso, recurro a **la votación por puntos**, un mecanismo muy simple y rápido para que un grupo de personas priorice, de manera colaborativa, una serie de ítems en función de aquello que el grupo considera más importante.

Los pasos para una votación por puntos son los siguientes:

1. Proveer a cada participante con un marcador,

2. Invitar a los participantes a distribuir tres puntos entre los ítems, de la manera que elijan:

- Un punto a cada ítem diferente.
- Dos puntos a un ítem y un punto a otro.
- Tres puntos a un solo ítem.

3. Dar un tiempo para que los participantes se acerquen a la lista de ítems y marquen sus propios puntos.

4. Contar el total de puntos de cada ítem y ordenarlos de mayor a menor: los ítems con más puntos son los más prioritarios.

Una alternativa es que los participantes tengan la posibilidad de distribuir ocho puntos con la condición de acumular **sólo hasta cuatro puntos** en un solo ítem.

Matriz de impacto

Esta es otra técnica que puede ayudar a un grupo de personas a definir prioridades. La Matriz de Impacto tiene dos ejes:

- El **eje X**: representa el esfuerzo que se requiere para llevar adelante una acción y va de fácil a difícil.
- El **eje Y**: representa el impacto de la acción en el objetivo definido y va de bajo impacto a alto impacto.

Cada acción posible se ubica en la matriz en función del esfuerzo que requiere y el impacto que tendría en el objetivo planteado. Esta distribución se realiza de forma consensuada.

Al cruzar los dos ejes se forman cuatro cuadrantes en donde ubicar las acciones:

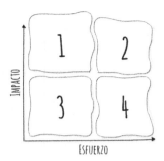

1. **Alto Impacto y Bajo Esfuerzo: prioritario**. Son aquellas acciones muchas veces denominadas *quickwins* o *mangos bajitos*: cosas que se pueden hacer sin mucho esfuerzo y que reportan alto beneficio.
2. **Alto Impacto y Alto Esfuerzo: siguientes prioridades**. Son acciones que requieren un nivel de esfuerzo superior pero que generan un alto beneficio.
3. **Bajo Impacto y Bajo Esfuerzo: la tercera prioridad**. Se trata de acciones que, si bien no reportan grandes beneficios, tampoco implican un gran esfuerzo llevarlas adelante.
4. **Bajo Impacto y Alto Esfuerzo: acciones a descartar.** ¿Quién quiere invertir gran cantidad de trabajo en acciones que no benefician a nadie?

Consenso

Una vez tuve la oportunidad de participar en una reunión de consorcio en la que se trataba el problema con una bomba de agua del edificio. Había tres posibles soluciones: 1) poner un grupo electrógeno, 2) vincular una nueva fase a la bomba de agua y 3) tener una segunda bomba de agua de respaldo. Solo había dinero suficiente para una sola solución, entonces se hizo una votación.

De las doce personas presentes, cinco votaron poner un grupo electrógeno, cuatro votaron el vínculo a una nueva fase y tres votaron comprar una segunda bomba de agua. Por mayoría ganó la opción numero uno.

La segunda vez que fue necesario usar el grupo electrógeno, falló. En ese momento, las siete personas que no habían votado la solución implementada dijeron: "se los advertimos".

Esa es una consecuencia típica de una decisión tomada por mayoría. Siempre que se decide algo porque lo votó la mayoría, hay una minoría que está en desacuerdo. Esto se agrava muchas veces cuando hay más de dos opciones, porque las minorías perdedoras pueden sumar más cantidad de votos en conjunto que la opción ganadora, como sucedió en la reunión de consorcio.

Lograr un consenso es muy diferente a votar por mayoría o por unanimidad. El consenso se logra cuando el grupo alcanza un acuerdo sincero, reflexionando y comprendiendo que la opción elegida puede no ser la mejor opción desde el punto de vista individual, pero es lo mejor para el grupo.

Se está más cerca de lograr un consenso cuando cada uno de los miembros del grupo sinceramente cree que los demás entienden sus preocupaciones, cuando cada uno entiende las preocupaciones de todos los demás y, aun cuando no prefiera la opción elegida, está dispuesto a apoyarla porque respeta la capacidad de elección del grupo por sobre la individual.

En el alma del consenso existe una conversación entre iguales basada en el respeto. Si la conversación no se da entre iguales o algún miembro tiene más jerarquía o mayor poder de decisión que los demás, se genera una barrera hacia el consenso.

La ausencia de paridad genera un contexto de trabajo **para** otros o **en contra de** otros. Hoy en día, en las organizaciones necesitamos desesperadamente trabajar **con** otros. Y un camino para lograrlo es el camino del consenso.

Apartado especial: el espacio abierto

Quería tratar al Espacio Abierto (*Open Space*) en un apartado especial porque lo considero mucho más abarcador que las diferentes técnicas que comentamos hasta ahora.

Desde siempre nos hemos organizado para obtener diferentes tipos de logros. Las cosas ocurren cuando se combina visión, pasión y acción, sin necesidad de planes, control ni dirección.

¡Prepárate para ser sorprendido!

Bienvenido al espacio abierto

El Espacio Abierto es un proceso conversacional creado por Harrison Owen. El autor, cuando habla del origen de esta metodología, recuerda que después de haber pasado por todo un año extenuante y laborioso organizando una conferencia y luego de haber sufrido el estrés de coordinar a los ponentes, los *papers*, la logística y a los participantes, se dio cuenta que los mejores momentos del evento fueron los *coffee-break*. ¿Por qué los *coffee-break*? Porque es allí donde las personas se juntan a conversar sobre lo que realmente les interesa. Fue así que Owen decidió probar una conferencia completa en formato *coffee-break* y así nació el Espacio Abierto.

¿Qué es un espacio abierto?

Es una oportunidad para tratar los temas que realmente importan a los participantes, sin las decisiones de un grupo aislado que corre el riesgo de crear una agenda que no represente los intereses de la mayoría. La agenda del Espacio Abierto es creada en tiempo real por los participantes del evento.

Un Espacio Abierto es
una conferencia sin
una agenda preestablecida.

¿Cómo funciona un espacio abierto?

Al inicio los participantes forman un círculo o varios círculos concéntricos. Este momento se conoce como *Marketplace*.

Durante el *Marketplace*, los mismos participantes completan una cuadrícula con los temas que más les interesa tratar. Esa cuadrícula contiene espacios físicos y períodos de tiempo, y representa el calendario de la jornada. Cada tema se tratará en un lugar y a una determinada hora, según dónde haya sido ubicado dentro de la cuadrícula.

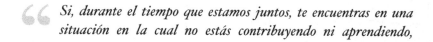

Las conversaciones (también llamadas sesiones) suceden durante la gran parte del día. Si emergen nuevas conversaciones, las personas pueden agregarlas en tiempo real en el calendario del evento, sin alterar las sesiones que ya están registradas.

Al finalizar las sesiones, el grupo entero se reúne para realizar un cierre del evento. En ese momento se vuelven a formar los círculos concéntricos y los participantes comparten pensamientos, comentarios, perspectivas y compromisos que hayan surgido de las conversaciones.

Cuatro principios y una ley

Un Espacio Abierto tiene sólo cuatro principios y una ley.

Los cuatro principios son:

1. Quienes vengan son las personas adecuadas.
2. Lo que suceda es la única cosa que podría suceder.
3. Cuando comienza es el momento adecuado.
4. Cuando se acaba, se acaba.

A la ley se la conoce como la "Ley de los dos pies":

> *Si, durante el tiempo que estamos juntos, te encuentras en una situación en la cual no estás contribuyendo ni aprendiendo,*

utiliza tus dos pies y vete a algún otro lugar más productivo.

Para reflexionar

Toma unos minutos y reflexiona sobre el tema tratado en este capítulo.

A continuación comparto algunas preguntas para que te hagas y, si quieres, también respondas.

1. *¿Qué tan consciente eras sobre los procesos colaborativos para la toma de decisiones?*

2. *¿Qué cosas has descubierto leyendo de este capítulo?*

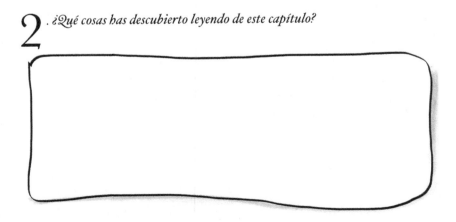

3. *¿Qué nuevas acciones crees posibles a partir de estos conceptos?*

4. *Durante la zona de divergencia hay factores que pueden ser contraproducentes, como por ejemplo la censura, los juicios, las críticas. ¿De qué manera puedes ayudar al grupo para que estos factores no estén presentes?*

5. *En la zona de convergencia no se recomienda volver a divergir. ¿Cómo crees que podrías ayudar al grupo a evitar recurrir en la divergencia?*

6. *Imagina una conversación grupal en la que surgen muchas ideas divergentes sin señales de convergencia. ¿Cómo te sientes al respecto?*

7. *Si tu respuesta anterior incluye la sensación de ansiedad ¿Qué crees que causa esa ansiedad?*

8. *Esta es la reconstrucción lingüística de la ansiedad* (Olalla, 2000):

1. *Algo ha ocurrido o está ocurriendo*
2. *Entonces, alguna otra cosa peligrosa puede ocurrir*
3. *No se qué hacer para evitarlo*
4. *Nada puedo hacer para cambiar la incertidumbre*
5. *Quisiera tener alguna certidumbre*

Viendo esta reconstrucción lingüística ¿qué aspecto identificas en tu emoción descripta en los puntos 6 y 7?

9 . *¿Qué herramientas de las presentadas en este capítulo crees que podrían ayudarte a minimizar la incertidumbre?*

6

LA FACILITACIÓN DEL INICIO

En el año 2002 estuve involucrado en un proyecto para automatizar una línea de producción y vincular ciertos eventos con un módulo de gestión de materiales de SAP[1], conocido como MM (*Materials Management*). El proyecto comenzó así: mi jefe de aquel momento, me dio en mano una pila de papeles impresos al tiempo que me decía "esto es lo que hay que hacer, por favor, revísalo y cualquier duda me avisas".

Lo leí y comencé. A medida que pasaba el tiempo fueron apareciendo obstáculos de distinta índole: personas que no se involucraban, malos entendidos, contradicciones con los papeles que me habían entregado, falta de apoyo por parte de la gerencia del cliente y hasta algunas personas de la empresa cliente que me preguntaban qué era eso que estábamos haciendo porque ellos no estaban al tanto de nada... Ufff, viéndolo en retrospectiva, hubiera dado mi sueldo por una reunión de inicio de proyecto.

Inicio de un proyecto ágil

El taller de inicio de proyecto es una actividad tradicionalmente conocida como Establecimiento de Proyecto, Formalización de Proyecto o *Project Chartering*. Sus objetivos son:

- Darle identidad al proyecto.
- Establecer una base de interpretaciones y acuerdos comunes.
- Identificar las fronteras del proyecto, de forma tal que le permita al equipo avanzar con la menor cantidad de roces posibles.

En estos últimos seis años facilité y asistí en la facilitación de unos veinte talleres de inicio de proyecto.

Si bien hay muchas estructuras posibles para un evento de estas características, la que a mí más me ha resultado es una combinación de prácticas y dinámicas provenientes de diferentes fuentes.

En este capítulo, te invito a recorrer una propuesta de inicio de proyecto ágil haciendo foco en el rol del facilitador.

Anticipación

Como ya se adelantó en páginas anteriores, la responsabilidad del facilitador comienza mucho antes del inicio de las reuniones o eventos a facilitar.

Uno de los beneficios de anticiparse es comunicar con anterioridad a la reunión los temas que se tratarán, la duración, quién presentará cada tema (si aplica), entre otros aspectos.

Anticiparse también implica:

- Considerar el grado de controversia que los temas a tratar puedan generar y, en esos casos, evaluar la posibilidad de mantener reuniones previas individuales para conocer las expectativas de los participantes de la reunión y el alcance de sus opiniones.
- Planificar e identificar posibles dinámicas a utilizar en cada uno de los momentos de la reunión.

Durante la reunión, es importante no quedar atado al plan diseñado, porque lo valioso de anticiparse es la actividad misma realizada al planificar la facilitación. El plan funciona como una referencia a la cual volver en caso que el proceso se torne caótico.

Duración

La duración de un taller de inicio de proyecto puede ser de un par de horas hasta varios días. He tenido experiencias en las que el inicio se resolvió en dos o tres horas y experiencias en las que le hemos dedicado cinco días completos.

Los factores que determinan la duración de un taller de inicio de proyecto son:

- El nivel de conocimiento del negocio.
- La expectativa de alcance del proyecto.
- La cantidad de personas involucradas.
- El nivel de claridad sobre lo que hay que hacer y aquello que no hay que hacer.
- La relación y experiencia de los participantes trabajando juntos.

Por lo general, considero que un taller de estas características puede llevar dos jornadas completas de trabajo. Con base en una agenda tentativa que contempla esta duración, me reúno por anticipado con los interesados para hacer los ajustes necesarios y así, confirmarla, acortarla o alargarla.

Agenda tentativa

A continuación presento una agenda tentativa para un taller de inicio de un proyecto. Varias de las dinámicas que allí figuran mencionadas puedes encontrarlas en *Agile InceptionDeck* (Rasmusson, 2010), *User Story Mapping* (Patton & Economy, User Story Mapping: Discover the Whole Story, Build the Right Product, 2014) y en *Impact Mapping* (Adzic, Impact Mapping: Making a big impact with software products and projects, 2012).

Día 1

9:00 AM: Desayuno

9:15 AM: Bienvenida - ¿Qué es esto?

9:25 AM: Introducción y Acuerdo de trabajo

10:00 AM: Objetivo y Visión - ¿Para qué estamos aquí?

10:45 AM: *Coffee-Break*

11:00 AM: Producto/ Servicio - ¿Qué vamos a construir?

12:00 AM: Comunidad - ¿Quiénes son los *stakeholders* o interesados en el proyecto?

12:45 PM: Almuerzo

2:00 PM: Riesgos - ¿Qué amenazas vemos?

2:45 PM: Alcance - ¿Qué haremos y qué no haremos?

3:45 PM: *Coffee-Break*

4:00 PM: Personas - ¿Quiénes van a interactuar?

4:45 PM: Comportamientos - ¿Cómo queremos influenciar a las personas?

5:30 PM: Retrospectiva del primer día

Día 2

9:00 AM: Desayuno

9:15 AM: Repaso del día anterior

9:30 AM: *Story Mapping* - ¿Qué forma va a tener?

10:45 AM: *Coffee-Break*

11:00 AM: *Story Mapping* - ¿Qué forma va a tener? (cont.)

12:00 AM: Dimensionamiento - ¿Cuánto trabajo es?

1:00 PM: Almuerzo

2:15 PM: Riesgos - ¿Qué nuevas amenazas vemos?

3:45 PM: *Coffee-Break*

4:00 PM: Concesiones - ¿Cuánta flexibilidad hay?

4:45 PM: DoD - ¿Qué significa que algo esté hecho?

5:30 PM: Retrospectiva final

Es muy importante compartir la agenda de manera anticipada con los principales interesados para poder hacer ajustes en conjunto. También recuerda que toda agenda es simplemente una guía, no es necesario respetarla a rajatabla.

Convocatoria

Tan importante como el taller es la **invitación al taller**. Trata de llegar a los participantes con una invitación poderosa (McKergow, 2014). Este tipo de invitación reconoce la importancia de los participantes, generan atracción y se presentan como una opción, no como una obligación.

Además de confeccionar una invitación poderosa, he tenido muy buenos resultados al realizarla de manera personalizada, en lugar de una genérica para todos. Veamos dos ejemplos.

Invitación débil:

Hola a todos, les hago llegar esta invitación para que formen parte del taller de inicio del proyecto XYZ. El mismo va a tener lugar en la Sala 85, el próximo jueves a las 9am.

La duración es de dos días, durante los cuales vamos a estar trabajando muy enfocados en el nuevo proyecto, por lo cual les quisiera pedir que no utilicen las computadoras durante ese tiempo.

Los esperamos!

Invitación poderosa:

Hola Mariano,

Te escribo para invitarte a formar parte de las dos jornadas del taller de iniciación del proyecto XYZ. Dada tu experiencia con los procesos de compras y pagos a proveedores, creemos que es clave tu aporte. Eres quien conoce muy bien la gestión de las órdenes de compra y la relación con los bancos.

Estamos seguros que involucrándote desde un principio evitaremos cometer errores y re-trabajos durante el proyecto.

Comenzaremos ambos días a las 9 am con un desayuno y habrá coffee-breaks durante la mañana y la tarde. Al mediodía iremos todos juntos a almorzar.

También experimentaremos con nuevas dinámicas de trabajo que estamos seguros te van a resultar interesantes y atractivas.

Dado que vamos a estar trabajando con un foco muy específico en las cuestiones del proyecto, estamos invitando a todos a que minimicen la cantidad de temas, e-mails y llamados durante el taller. Por favor, avísanos si crees que podemos ayudarte con este requerimiento.

Asumimos que tu participación es voluntaria y, si bien no queremos que te sientas obligado a participar, estamos seguros que tu presencia ayudará a todos en el logro de los objetivos futuros, tanto del proyecto como del área y de la empresa.

En caso que participes, el taller tendrá lugar en la Sala 85, el próximo jueves a las 9 am.

Por favor, confírmanos tu participación.

Quedamos atentos a cualquier consulta que quieras realizar.

Te esperamos!

En la segunda invitación están presentes cuatro elementos:

1. **Personal**: figura el nombre del destinatario, Mariano.
2. **Reconocimiento**: le expresa a Mariano por qué es importante su participación.
3. **Atracción**: le explica algunos beneficios que puede obtener participando del taller.
4. **Opción**: hace explícito el carácter opcional de la reunión.

Participantes

La importancia de los participantes, es una de las tantas diferencias que encontraremos entre el Manifiesto Ágil[2] y las metodologías tradicionales de gestión de proyectos

En Agilidad el inicio de un proyecto se considera una actividad colaborativa y participativa. Es el espacio en el que las relaciones comienzan a forjarse y se promueven debates y acuerdos.

Los participantes clave de un taller de inicio de proyecto son los integrantes del equipo que construirá el producto o servicio, los *stakeholders* o interesados directos y los *sponsors* del proyecto.

Mientras más diverso sea el grupo de personas, mejor. También es importante que participen representantes del negocio y de otras áreas de la empresa, por ejemplo: marketing, producto, desarrollo, operaciones, etc.

En mi experiencia, si la cantidad de asistentes supera a las 10 personas, se deteriora la calidad de la participación y de colaboración en el grupo. Algo que se puede hacer para salvar esta situación es proponer que cada área involucrada en el proyecto, delegue su participación en un solo representante.

Si hay participantes en el taller que representan a varias personas de un área, es fundamental generar acciones concretas tendientes a compartir los resultados del encuentro lo antes posible, para así informar a los representados y obtener su feedback rápidamente.

Puntualidad

Para mí es muy importante la puntualidad.

Vivo la impuntualidad como una falta de respeto y un descuido hacia los otros: confunde, desorganiza, fomenta la desconfianza, obstaculiza. ¿Cuántas veces te ha sucedido que tienes que repetir lo que has dicho porque alguien no llegó a la hora indicada? ¿Cuántas veces te involucraron en conversaciones sobre decisiones que ya habían sido tomadas, pero en las que cierta persona no había estado presente?

Yo prefiero evitar esas situaciones tanto como sea posible. Por eso, siempre cito a los participantes 15 minutos antes del inicio de la actividad y disponer de *snacks* o bocadillos para que los participantes tengan un pequeño desayuno antes de iniciar las actividades. Esto ayuda a contar con más asistentes a la hora de comenzar y evitar demoras significativas. Una alternativa que probé y con la que tuve buenos resultados fue usar horarios no convencionales como elemento sorpresa para capturar la atención de los participantes, por ejemplo:

8:57 AM: Desayuno

9:18 AM: Bienvenida - ¿Qué es esto?

9:32 AM: Introducción - ¿Quién es quién?

10:06 AM: Objetivo y Visión - ¿Para qué estamos aquí?

10:51 AM: *Coffee-Break*

Facilitación de las dinámicas

En este apartado presento, de manera sintética, las actividades que suelo utilizar para cada momento de la agenda de un taller de inicio de proyecto.

Bienvenida - ¿Qué es esto?

Ya hemos visto la importancia de comunicar el objetivo de las reuniones que facilitamos: es ideal que todos los participantes tengan clara la razón por la cual están en este taller. Por eso, es bueno recordar el objetivo durante la bienvenida. Y, si bien este momento de la agenda es importante, también lo es ser breve y conciso.

Una buena dinámica para establecer la conexión entre los participantes y el propósito del taller de inicio de proyecto es la siguiente:

1. Invitar a los participantes a formar parejas, si son número impar, habrá una tríada.
2. Solicitar a los pequeños grupos que, en 5 minutos, recuerden problemas significativos que hayan tenido en la ejecución de proyectos anteriores. ¿Qué podrían haber hecho al comienzo de esos proyectos para evitar esos problemas o minimizarlos?

3. Generar un espacio de 5 a 10 minutos para que cada pareja comparta sus respuestas a la pregunta anterior, con el resto de los participantes.

Luego de esta dinámica comparte de manera explícita el propósito del taller de inicio de proyecto con el resto de los participantes.

Introducción y acuerdo de trabajo

Este es un buen momento para que cada participante se presente a sí mismo a partir de alguna dinámica. Puedes invitarlos a presentarse en parejas y que luego cada quien presente a su compañero.

Por lo general, no hago nada muy sofisticado ya que los participantes estarán trabajando juntos y conociéndose durante todo el taller.

En este momento, también es importante establecer el contrato o acuerdo de trabajo para este taller. Este es un desafío que los participantes pueden resolver por sí mismos. Habitualmente les solicito que generen un listado de cosas que les gustaría que suceda y cosas que quisieran evitar durante el taller. Esto ayuda a maximizar la participación, la colaboración y el respeto mutuo.

Recordar a los participantes este acuerdo durante el taller no es algo que me guste hacer. Por eso, coloco al acuerdo en una o dos láminas pegadas en las paredes y claramente visibles para todos. Los mismos participantes pueden utilizar estas láminas como referencia durante las jornadas de trabajo conjunto.

Objetivo y Visión: ¿Para qué estamos aquí?

Presentar el objetivo de negocio planteado para este proyecto y su visión es la meta de este tramo del taller.

En 1998 tuve la oportunidad de trabajar en un proyecto tecnológico. Se trataba de la migración de aproximadamente 900 interfaces de datos salientes y entrantes, a un sistema IBM AS400. Cuando comencé, nos presentaron el cronograma y los detalles técnicos de las interfaces desarrolladas en un lenguaje llamado *Delphi*, las cuales debíamos migrar a otro lenguaje llamado *C++*.

Encontrar motivaciones y tomar decisiones en ese proyecto fue muy difícil. Por ejemplo, yo nunca supe la razón por la cual debíamos realizar ese trabajo. Haber conocido la necesidad de negocio que dio origen a semejante esfuerzo, hubiera ayudado mucho, como más adelante observé que ayudó a otros.

Muchos equipos de trabajo tienen inconvenientes a la hora de organizarse debido a la falta de visibilidad y consciencia sobre el impacto que sus decisiones puedan tener. Para evitar esta situación es importante que los participantes conozcan el para qué[3] (Rasmusson, 2010) de aquello que están haciendo. Este vínculo entre el trabajo a realizar y el objetivo del negocio, ayuda en la toma de decisiones intrínseca a cualquier contexto auto-organizado.

A diferencia de las metodologías tradicionales en las que se califica como exitoso a un proyecto que es entregado en tiempo, en forma y con el alcance estipulado, en Agilidad se considera que si un producto o proyecto logra cumplir con el objetivo de negocio esperado, entonces es un éxito desde el punto de vista del negocio, aun si el alcance es diferente del estipulado inicialmente. De hecho, si se entrega el proyecto respetando el alcance exacto según fue predefinido pero no cumple con el objetivo de negocio, se considera un fracaso (Adzic, Impact Mapping: Making a big impact with software products and projects, 2012).

Así como es importante conocer uno o varios objetivos de negocio, más aún lo es medir el logro de esos objetivos. Para ello, es necesario que el facilitador se anticipe, conozca —antes del taller- los objetivos de negocio y se asegure que sean S.M.A.R.T. (Doran, 1981): e[S]pecífico, [M]ensurable, [A]lcanzable, [R]ealista y acotado en el [T]iempo.

Por ejemplo, "quisiera bajar de peso" es un objetivo que no cumple con estas características. Hay una serie de preguntas que se pueden hacer para ayudar a que el interesado convierta este deseo en un objetivo SMART:

1. ¿Cuánto peso quieres bajar? *8 kilogramos* (ya lo hace mensurable).

2. ¿En qué tiempo quisieras bajar esa cantidad de peso? *En 2 meses* (ya tiene un tiempo establecido).
3. Esto implicaría bajar 1 kilogramo por semana, ¿crees que puedes hacerlo? *No* (entonces no es realista ni alcanzable).
4. ¿Y cuánto estás dispuesto a bajar por semana? *Medio kilogramo* (Es realista y alcanzable).
5. Es decir que bajarías 8 kilogramos en cuatro meses (16 semanas). *Correcto*.

De esta manera, el objetivo redefinido es: "Bajar 8 kilogramos de peso en cuatro meses".

> *Es importante asegurar que los*
> *objetivos de negocio que se*
> *presenten al equipo sean S.M.A.R.T.*

En este momento del taller también se facilita la explicitación de la visión, ese escenario futuro que se quiere alcanzar con la construcción de este producto o servicio. Hay diferentes estrategias para establecer una visión que dependen del nivel de participación que existe en la organización y de la capacidad de aprendizaje de sus integrantes (Senge, 2012). Estas estrategias pueden ser:

* **Imposición**: el líder comunica la visión y el equipo debe seguirla.
* **Venta**: el líder conoce la visión y la comunica de manera tal que el equipo "la compre" para poder avanzar.
* **Verificación**: el líder tiene una idea clara sobre cuál debería ser la visión y la comunica para conocer las reacciones del equipo antes de avanzar con el proyecto.
* **Consulta**: el líder tiene una visión en elaboración y necesita asesoramiento de parte del equipo antes de continuar.
* **Co-creación**: líder y equipo, a través de ejercicios colaborativos, construyen juntos una visión compartida.

"Es un gran día en la vida de todos cuando comienzan a trabajar por lo que se desea construir y no para complacer a un jefe."
Peter Senge citando a Bill O'Brien

Lo que nos interesa como facilitadores, es lograr una visión compartida y co-creada por el equipo y los *stakeholders* o interesados. Una visión que despierte el involucramiento y la creatividad de las personas. Para ello, he utilizado con éxito una dinámica llamada Recuerda el Futuro (Hohmann , 2006) que describo a continuación:

1. Entregar a cada participante una hoja de papel en blanco.
2. Invitar al grupo a hacer un viaje mental en el tiempo hasta una fecha futura en la cual se imaginan utilizando el producto o servicio en cuestión durante una semana, un mes o un cuatrimestre.
3. Luego, proponer que se trasladen más al futuro, por ejemplo una semana, dos semanas o un mes posterior al período de prueba anterior.
4. Pedir que escriban en la hoja en blanco aquello que el producto o servicio haya hecho por ellos y gracias a lo cual se consideran personas felices (o seguras, o ricas, o exitosas, o lo que pueda funcionar).
5. Facilitar una puesta en común de lo registrado y acordar la visión compartida.

Otra alternativa es que el grupo arme la portada de un diario con una noticia referida a los beneficios del producto o servicio ya desarrollado.

Ahora bien, muchas veces no es posible la construcción de una visión compartida. En ese caso, habrá que apelar a alguna de las otras estrategias propuestas por Senge: consulta, verificación, venta o imposición.

Lo importante es dejar la puerta abierta a un camino que lleve al equipo y, eventualmente, a la organización hacia la creación de futuras visiones compartidas.

Retrospectivas diarias

Si hay algo significativo que aprendí en la práctica en estos últimos años, es la importancia de hacer una pequeña retrospectiva al cierre de todas las reuniones. Es algo que insume poco tiempo y que brinda la posibilidad de obtener *feedback* en tiempo real sobre la facilitación realizada.

Existen varias dinámicas a utilizar para este momento, según el tiempo disponible y la cantidad de participantes de la reunión. A continuación presento algunos ejemplos.

Mantener, corregir, probar (de 15 a 30 minutos)

Se trata de una dinámica clásica que se puede utilizar para escuchar la impresión de los participantes:

1. Se crea una tabla de tres columnas en una lámina o en la pared con las palabras 'mantener', 'corregir' y 'probar'.
2. Luego se invita a los participantes a reflexionar durante 5 minutos sobre aquellos aspectos de la jornada que les gustaría mantener, corregir y probar hacia futuras ediciones y escribir estos aspectos en diferentes notas autoadhesivas.
3. Finalmente, se cierra la retrospectiva con los participantes compartiendo sus reflexiones al tiempo que colocan sus notas autoadhesivas en las diferentes columnas.

Dinámica, logística, contenido, participantes (de 10 a 15 minutos)

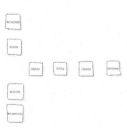

Esta actividad lleva menos tiempo que la anterior y el foco está puesto en aquellos cambios que los participantes consideran necesarios:

1. **Categorías**: en una misma línea se colocan 4 notas autoadhesivas en la pared o en un papel afiche, con las leyendas:
2. Dinámica
3. Logística
4. Contenido
5. Participantes
6. **Nivel de satisfacción:** a la izquierda de la fila de categorías, se coloca una columna con cuatro notas autoadhesivas, dos por encima de la fila de categorías y otras dos por debajo de ella. La figura quedaría como una T recostada hacia la izquierda.

En las notas autoadhesivas de la columna se indican las siguientes leyendas:

1. Muy satisfecho
2. Satisfecho
3. Insatisfecho
4. Muy insatisfecho
5. Se invita a cada participante a expresar su nivel de satisfacción sobre cada categoría, colocando sus notas autoadhesivas a la altura correspondiente.
6. A medida que los participantes pegan sus notas autoadhesivas pueden comentar en voz alta sus impresiones.

Una variante es invitar a los participantes a escribir una sugerencia en cada nota autoadhesiva que coloquen en las categorías en las que están insatisfechos y muy insatisfechos.

Return On Time Invested [ROTI] (de 5 a 10 minutos)

Esta actividad permite medir rápidamente el nivel de satisfacción general sobre la jornada en función del tiempo invertido (Larsen & Derby, 2006). Dado que es una actividad pensada para ocasiones donde el tiempo es muy poco, la misma no profundiza en el feedback de los participantes. Para realizarla se pueden seguir los siguientes pasos:

1. Representar una escala vertical del 1 al 4 dibujada en una lámina o con notas autoadhesivas en la pared. Cada número de la escala representa la satisfacción con respecto al tiempo invertido:
2. **Excelente**: una reunión muy útil cuyo valor superó con creces el tiempo invertido.
3. **Buena**: una reunión que dio un valor superior al tiempo invertido.
4. **Mejorable**: El valor recibido no fue el suficiente para el tiempo invertido.
5. **Inútil**: No recibí valor alguno.
6. Solicitar a los participantes que indiquen su sensación de satisfacción sobre el tiempo invertido.

Una variación de esta actividad, para situaciones donde se dispone de mayor cantidad de tiempo es agregar unos 5 a 10 minutos adicionales para indagar en las calificaciones de los participantes, especialmente aquellas de menor escala.

Net Promoter Score **[NPS] (menos de 5 minutos)**

El indicador de negocio de *Net Promoter*[4] representa la satisfacción que una organización brinda a sus clientes. Se puede usar esta misma técnica para medir rápidamente la satisfacción de los participantes de la jornada. Se trata de una técnica muy veloz que, sin indagar ni profundizar en los detalles, puede darte una buena noción del nivel de satisfacción. Los pasos para implementarla son:

1. Invitar a los participantes a pensar y entregar un papel con un número del 0 al 10 que represente su respuesta personal a la pregunta: ¿Recomendarías esta reunión a un colega o amigo? Siendo 10, *definitivamente si* y 0, *definitivamente no*.
2. Juntar todas las respuestas luego del cierre de la reunión.
3. Identificar aquellas respuestas con 9 y 10. Este es la cantidad

de participantes promotores. Calcular el porcentaje del total de participantes que representan los promotores.

4. Identificar aquellas respuestas entre 0 y el 6, inclusive. Este es el número de detractores. Calcular el porcentaje del total de participantes que representan los detractores.

5. Descartar las respuestas con 7 y 8.

6. El NPS de la reunión es el porcentaje de promotores menos el porcentaje de detractores. Un número cercano a 100 representa alta satisfacción mientras que un número cercano a -100 representa gran insatisfacción.

Recuerda que esta técnica sirve para identificar el nivel de satisfacción de manera veloz y sin indagar en detalles. Si lo que buscas es efectivamente mejorar la experiencia, deberás indagar para encontrar los aspectos a mejorar. Eso te llevará más tiempo, y si dispones del mismo, te recomiendo privilegiar alguna de las técnicas presentadas previamente.

Repaso del día anterior

Una manera muy saludable de iniciar la segunda jornada es refrescando los conceptos tratados y las decisiones tomadas durante el día anterior. Una dinámica que me ha dado muy buen resultado es la denominada Paseo de Galería

(*Gallery Walk*).

Siempre que en las actividades del día anterior se hayan generado materiales, láminas, dibujos, listados, notas autoadhesivas, etc. y que aún permanecen pegados en las paredes, se puede invitar a los participantes a formar grupos de dos o tres personas para recorrer la sala, contemplar durante unos minutos cada una de las láminas y conversar sobre lo que recuerdan haber realizado el día anterior.

El tiempo del paseo puede ser de 5 a 10 minutos. Luego, se sugiere realizar una puesta en común para repasar entre todos los diferentes temas abordados.

Esta actividad genera conexiones con los temas tratados en la primera jornada y predispone a los participantes a comenzar de manera más informada la agenda del nuevo día.

Otras dinámicas del taller

Las dinámicas restantes que integran el taller de inicio de un proyecto se pueden encontrar descriptas en detalle en *Agile Samurai* (Rasmusson, 2010), *User Story Mapping* (Patton & Economy, User Story Mapping: Discover the Whole Story, Build the Right Product, 2014), *Impact Mapping* (Adzic, Impact Mapping: Making a big impact with software products and projects, 2012) y *Proyectos Ágiles con Scrum* (Alaimo & Salias, Proyectos Ágiles con Scrum: Flexibilidad, aprendizaje, innovación y colaboración en contextos complejos, 2015).

De todas maneras, a continuación ofrezco una descripción muy breve de cada una de ellas y dejo las referencias para que puedas profundizar.

Producto/Servicio: ¿Qué vamos a construir?

La meta aquí es lograr claridad sobre lo que el equipo necesita construir y que los participantes del taller se acerquen a los consumidores o usuarios finales del producto o servicio.

Dos actividades que se pueden utilizar en este caso, tal y como se propone en una reunión de Incepción de Proyecto (Rasmusson, 2010), son la creación de un *Elevator Pitch del Producto* (Moore, 2006) y de un *Vision Box* (Hohmann , 2006).

Comunidad: ¿Quiénes son los *Stakeholders*?

Este ejercicio propone que todos los participantes del taller identifiquen a las partes interesadas.

La identificación de los *stakeholders*, la comprensión de su grado de influencia en un proyecto y el equilibrio de sus demandas, necesidades y expectativas son aspectos críticos para el éxito del proyecto. Si esto no se hace, el futuro podrá haber retrasos, aumentos de costos, problemas inesperados y otras consecuencias negativas, incluyendo la cancelación del proyecto (PMI, 2013).

Alcance: ¿Qué haremos y qué no haremos?

Es tan importante acordar lo que el equipo construirá como acordar lo que no construirá.

Para ello, se puede organizar a los participantes en diferentes equipos encargados de identificar qué se hará, qué no se hará y qué cosas no es posible decidir si se hacen o no (Alaimo & Salias, Proyectos Ágiles con Scrum: Flexibilidad, aprendizaje, innovación y colaboración en contextos complejos, 2015).

Personas: ¿Quiénes van a interactuar?

Para definir qué es de valor y qué no lo es, resulta fundamental identificar las personas a quienes pretendemos agregar valor a través de la solución que construiremos. Una técnica muy sencilla, tomada del área de Marketng, es la Técnica de Personas (Nielsen).

Consiste en la identificación de los diferentes segmentos de clientes de nuestro producto o servicio mediante la creación de un personaje ficticio con nombre, fotografía y características típicas de ese segmento.

Comportamientos: ¿Cómo queremos influenciar?

Esta actividad se enfoca en identificar los cambios que se quieren generar en el comportamiento de las personas a través de nuestro producto o servicio. ¿Qué quisiéramos que ellos hagan? (Ulwick, 2005)

Story Mapping: ¿Qué forma va a tener?

Un *User Story Map* organiza las características del producto o de un servicio en un modelo útil para entender las prioridades y establece una estrategia de entregas que ofrecen valor a los clientes en cada lanzamiento (Patton, 2008).

Brevemente, se trata de identificar las diferentes actividades que una persona debe realizar para poder cumplimentar un proceso de negocio y se determina una estrategia evolutiva de construcción del producto, de forma tal de proveer el soporte necesario a cada una de estas actividades de manera evolutiva.

Dimensionamiento: ¿Cuánto trabajo es necesario?

Una vez identificadas las características del producto o servicio procedemos a estimar la cantidad de trabajo que es requerido para su construcción e implementación. Dos técnicas muy utilizadas para estos casos son *Planning Poker* (Cohn, 2005) y *Team Estimation*.

Riesgos: ¿Qué amenazas vemos?

Hay muchas dinámicas que se puede utilizar para identificar riesgos. Por lo general, se clasifican por probabilidad de ocurrencia e impacto. A mí me gusta armar una matriz bidimensional en una lámina y representar los riesgos en notas autoadhesivas, ubicados en las coordenadas acordadas. Luego de identificar los 5 ó 10 riesgos más importantes, los participantes pueden trabajar en equipos para elaborar planes de contingencia, mitigación o tercerización.

Concesiones: ¿Cuánta flexibilidad hay?

Todos los proyectos tienen parámetros que se pueden ecualizar como el tiempo, el dinero, el alcance y la calidad. Lo mejor es saber qué factor es más importante y cuán flexible es cada uno de ellos (Rasmusson, 2010). Una dinámica muy interesante puede ser El Ecualizador, actividad descripta en páginas anteriores. Para ello, se arma un ecualizador en el piso y se demarcan los puntos de equilibrio de cada parámetro, con las mismas personas paradas en el lugar que represente el nivel de flexibilidad correspondiente (Alaimo & Salias, Proyectos Ágiles con Scrum: Flexibilidad, aprendizaje, innovación y colaboración en contextos complejos, 2015).

DoD: ¿Qué significa que algo esté hecho?

DoD es la sigla de 'Definición de Terminado' (*Definition of Done*). Así como es importante saber cuánto tiempo requiere la construcción y qué se espera de ciertas características del producto o servicio, también es importante tener un acuerdo de calidad que pueda ayudar a identificar y explicitar las expectativas que implican que algo está terminado. Para ello, se puede organizar a las personas en pequeños grupos para que conversen durante unos minutos sobre sus expectativas de terminación de los entregables. Luego se puede facilitar una puesta en común en la cual se generen acuerdos, formales o informales, entre los integrantes para prevenir malos entendidos a futuro.

Hasta aquí hemos visto diferentes técnicas para la facilitación de un taller de inicio de proyecto. En el próximo capítulo veremos otras técnicas, recomendaciones y experiencias en la facilitación de las reuniones que acontecen durante una iteración ágil.

7

LA FACILITACIÓN DEL SPRINT

En esta capítulo haré foco en la facilitación de un equipo trabajando bajo el marco de Scrum. Como he mencionado al comienzo de este libro, asumiré que sabes lo que es la agilidad en general y Scrum en particular. De lo contrario, te recomiendo conocer más en https://chiefagilityofficer.com/es/.

Facilitación del Sprint Planning

Una reunión para planificar un *sprint* implica responder a las siguientes preguntas (Schwaber & Sutherland, Scrum Guide, 2013):

1. ¿Qué podemos entregar en el incremento de producto o servicio resultante del nuevo *sprint*?
2. ¿Cuál es el trabajo necesario para entregar ese incremento y cómo realizaremos ese trabajo?

Como facilitador, los objetivos a seguir para que el equipo y los *stakeholders* puedan responder a estas preguntas son:

- Que se conozcan y expliciten las expectativas de los

stakeholders sobre las características esperadas del producto o servicio.

- Que el equipo genere los compromisos necesarios para construir un incremento de producto o servicio y entregarlo al final del *sprint*.
- Que el equipo coordine las acciones necesarias entre los miembros para crear un plan macro con las tareas para el *sprint* (*sprint backlog*).

Al finalizar la reunión de planificación, el equipo debería contar con dos nuevos elementos:

1. Un objetivo para el nuevo *sprint*.
2. Una lista de características del producto o servicio esperadas a partir del *sprint* y las tareas relacionadas a ellas (*sprint backlog*).

Anticipación

Como hemos visto a lo largo del libro, un componente importante en el trabajo de todo facilitador es la anticipación. En el caso de la reunión de planificación del *sprint*, la anticipación estará enfocada en el *product backlog*, sus ítems y los participantes.

Backlog DEEP

En este caso, es importante trabajar continuamente con el *product owner* y asegurarse que el *backlog* del producto cumpla con las características DEEP (Pichler, 2010):

- **Detallado de manera apropiada**: un *product backlog* debe tener un nivel de detalle apropiado en los ítems de mayor prioridad e ir reduciendo su nivel de detalle en la medida que la prioridad de los ítems va bajando. En una reunión de planificación de *sprint*, interesan especialmente los ítems de mayor prioridad. Es importante asegurar que estén bien detallados para que los integrantes del equipo se sientan seguros de asumir el compromiso para el *sprint*.
- **Estimado**: parte de la reunión de planificación del *sprint*

incluye la estimación de los ítems. En mi experiencia, los equipos logran mejores resultados cuando los ítems del *product backlog* han sido estimados previamente a esta reunión. Esta estimación puede hacerse durante el *sprint* o en una reunión dedicada al refinamiento del *product backlog*. Luego se confirma la estimación durante la reunión de planificación.

- **Emergente**: el *product backlog* no es un elemento estático: está vivo, es orgánico, crece. Esta variabilidad está dada por el *feedback* y el aprendizaje que los *stakeholders* y el equipo van adquiriendo a través del tiempo. Antes de planificar el nuevo *sprint*, es clave trabajar con el *product owner* para garantizar que todo el *feedback* y aprendizaje del *sprint* anterior esté incluido en el *product backlog*.

- **Priorizado**: un *product backlog* saludable representa la estrategia de creación del producto o servicio a través de la priorización de sus ítems. Previo a una planificación de *sprint*, es importante que el *product owner* tenga identificada la prioridad de cada ítem. Una buena referencia es que el *product owner* llegue a la reunión de planificación con una cantidad de ítems tal que el esfuerzo estimado sume el equivalente a dos *sprints* (Cohn, Sprint Planning Meeting).

Listos

Una práctica usual para optimizar el uso del tiempo durante la reunión de planificación del *sprint*, es llevar los ítems del *product backlog* lo suficientemente listos, para que los miembros del equipo puedan asumir el compromiso de realizarlos en ese *sprint*. Lo que significa "suficientemente listo" es un acuerdo a generar dentro del equipo y se conoce habitualmente como Definición de Listo (*Definition of Ready*). Al respecto, Jeff Sutherland recomienda el siguiente modelo para definir un ítem del *product backlog* (Sutherland, Definition Of Ready, 2014):

1. Debe estar definido con suficiente claridad de forma tal que todos los miembros del equipo entiendan lo que debe hacerse.
2. Incluye una definición clara del valor que aporta al negocio, de forma tal que el *product owner* puede entender su prioridad.

3. Incluye cualquier otra característica que ayude a su claridad: especificaciones, croquis, *wire-frames*, etc.
4. Satisface plenamente los criterios de INVEST.
5. Está libre de dependencias externas.

La regla mnemotécnica INVEST (Wake, 2003) es una buena guía para lograr ítems del *product backlog* granulares y entendibles por todos:

- I: independientes,
- N: negociables,
- V: valorables por los clientes,
- E: estimables,
- S: pequeños (*small*) y
- T: verificables (*testable*).

Participantes

Una discusión en la que habitualmente me veo involucrado gira en torno a los participantes de una reunión de planificación.

Por definición, en una reunión de este tipo participa todo el equipo: el *product owner*, el equipo de construcción y el facilitador (Schwaber & Sutherland, Scrum Guide, 2013).

Stakeholders

La definición anterior de planificación de *sprint* no hace mención sobre la participación de los *stakeholders* o partes interesadas. En mi experiencia personal, los mejores resultados sucedieron cuando participaron los *stakeholders* claves, aquellos vinculados a los ítems del *product backlog* que podían ser comprometidos en el nuevo *sprint*.

Desde mi punto de vista, es clave su participación y, muchas veces fomento también la participación el *sponsor* del proyecto. He podido observar cómo la colaboración y el sentimiento de equipo emergen gracias a la interacción entre partes interesadas y equipo. Mi sensación es que surge un nuevo equipo, de mayor nivel, se fomenta la transparencia, la visibilidad y el conocimiento del negocio.

Part-timers

Uno de los pilares fundamentales de la Agilidad es el foco. El trabajo enfocado de las personas contribuye significativamente a la calidad y la creatividad. Por eso, se recomienda trabajar en un solo proyecto por vez.

Ahora bien, muchas veces se tarda un tiempo considerable en lograrlo y es parte de una transformación organizacional que involucra cuestiones estructurales y culturales. En muchas organizaciones, el trabajar en un solo proyecto tiende a ser un escenario utópico debido a la alta especialización de las personas.

Por estas razones, mientras se preserva el objetivo de fondo

-que es bajar el nivel de especialización y lograr perfiles con cierto grado de multidisciplinariedad-, a la vez que se participa en un proceso de transformación, habrá que aprender a convivir con los perfiles *part-time*. Estos perfiles pueden ser diseñadores, expertos en usabilidad, arquitectos, especialistas en seguridad, etc. Todos comparten una característica básica: brindan servicio a varios equipos en paralelo.

Si en el equipo que facilitas participan personas con estas características, recuerda invitarlas a la planificación del *sprint*. Algo que suele suceder en este tipo de escenarios es dejar a estas personas fuera de las planificaciones y asumir compromisos en su nombre, lo cual no siempre genera buenos resultados.

Estructura y dinámica

Una vez iniciada la reunión de planificación del *sprint,* el foco de la facilitación se centra en el proceso. En este caso, se requiere una facilitación muy liviana, incluso al comienzo. Ofrecerle al equipo una estructura que pueda utilizar para planificar el *sprint* es suficiente para que la lleven adelante por sí solos (Adkins, Coaching Agile Teams, 2010).

A continuación, presento algunos aspectos a tener en cuenta, todos vinculados con la estructura y dinámica de la reunión de planificación del *sprint*.

Agenda

Una agenda visible por todos ayuda mucho a que la reunión fluya y evita desvíos, y ramificaciones innecesarias. Ante posibles dispersiones, sólo es necesario recordarle a los participantes el objetivo principal de esta reunión: planificar el *sprint*.

Cronómetro

"El tiempo no nos alcanza." Una afirmación muy escuchada y con la cual no estoy de acuerdo.

El tiempo es el tiempo, nadie tiene más o menos tiempo que otra persona. Por lo tanto, es imposible que el tiempo no alcance. La clave está en la manera en la que administramos nuestro tiempo. Y por lo general, yo me incluyo, lo administramos bastante mal por falta de conciencia. Por ejemplo, no sabemos cuánto tiempo ha pasado ni cuánto queda. Por esta razón, contar con un cronómetro visible y establecer un *time-box*[1] es clave en este tipo de reuniones, ya que ayuda a que los participantes auto-gestionen el tiempo.

Es probable que al principio sea necesario mostrar el cronómetro para recordar a los participantes la cantidad de tiempo disponible. A medida que el equipo desarrolle su experiencia en estas reuniones, el facilitador podrá irse apartando gradualmente para dejar que los participantes gestionen el tiempo por si solos.

Parking-Lot

Mi recomendación es que dispongas de un *parking-lot* para acciones emergentes. Muchas veces surgen dudas y necesidades de información o de verificaciones a realizar que, al no quedar registradas, corren el riesgo de perderse en el camino. Un *parking-lot* en el que se puedan colocar las notas auto-

adhesivas con los accionables emergentes ayudará a no perderlos de vista. Mi recomendación es que cada accionable tenga un responsable claro.

Objetivo del *sprint*

Una de las primeras actividades que recomiendo facilitar durante una reunión de planificación es establecer el objetivo para el nuevo *sprint*.

 Si no sabes dónde vas, cualquier camino te llevará allí. Lewis Carroll

El *sprint* debería tener un objetivo compartido de forma tal que asegure que todo el equipo se mueva en una misma dirección. Una vez establecido dicho objetivo, los miembros del equipo son los responsables de alcanzarlo (Pichler, 2010).

Tener un objetivo claro para el *sprint* es fundamental para facilitar las decisiones que el equipo tome de manera autónoma durante la ejecución, entre ellas: cambiar alguna prioridad, redefinir alguna característica, negociar un recorte de alcance e, inclusive, proponer la cancelación de un *sprint*. Todas estas decisiones responderán mejor al problema surgido si se toman con pleno conocimiento del objetivo del *sprint*.

Recomiendo ayudar a los *stakeholders* y al *product owner* a que relacionen el objetivo del *sprint* con algún objetivo del negocio. De esta manera, el trabajo comienza a mostrar cierta coherencia explícita.

¿Qué vamos a hacer?

Una vez establecido el objetivo de *sprint* es hora de determinar el incremento de producto o del servicio que se entregará al finalizar el ciclo. A esta instancia ya debería haber llegado el *product backlog* priorizado y con los ítems candidatos para este *sprint* detallados, para que el equipo pueda tomar sus compromisos.

Un elemento que funciona muy bien para contextualizar y mantener las conversaciones enfocadas, es un panel de actividades con tres columnas. La primera columna corresponde a los pendientes y allí se listan los ítems del *product backlog*. Al tratar un ítem se lo traslada a la segunda columna denominada 'en progreso' y, una vez finalizado, se coloca en la tercera columna de terminados. Esto se realiza de a un ítem por vez, mientras el equipo va asumiendo los compromisos respectivos para el *sprint*.

Esta actividad finaliza cuando el equipo determina que ya no puede comprometerse a asumir más trabajo para el nuevo *sprint*.

Respetar el compromiso del equipo

Uno de los problemas más comunes, y me arriesgo a decir que es heredado de modelos más autoritarios, es la presión ejercida al equipo para que realice mayor cantidad de trabajo en el mismo tiempo. Este comportamiento se puede observar cuando el *product owner* cuestiona el límite de trabajo planteado por el equipo, la forma en que hacen las cosas o cuando trata de minimizar la cantidad de trabajo que se necesita realizar. En situaciones extremas es posible observar al *product owner* pidiendo a los miembros del equipo que trabajen horas extras.

Como facilitador es importante estar atento a estas situaciones y ponerlas en evidencia. La Agilidad promueve un ritmo de trabajo sostenible de manera indefinida y eso implica minimizar las horas extras.

¿Cómo lo vamos a hacer?

Una vez identificados todos los ítems comprometidos para el *sprint*, es momento de identificar las tareas que debe realizar para entregar el incremento del producto o del servicio y, eventualmente, un diseño técnico o acuerdo marco de trabajo.

En esta parte de la reunión, lo usual es que se quede trabajando sólo el facilitador con el equipo, mientras que los *stakeholders* se retiran.

Algunos equipos eligen incluir durante esta actividad al *product owner*, otros equipos prefieren que no participe. Sea cual sea el caso, hay que asegurarse que la decisión se toma conscientemente y no porque lo dice un libro.

Si el *product owner* participara en esta parte de la reunión, habrá que estar atento para que no ejerza influencia en la manera de hacer las cosas, lo cual es una potestad exclusiva del resto del equipo.

Un día o menos

Durante esta parte de la reunión, el facilitador puede ayudar al equipo para que todas las tareas sean lo suficientemente granulares, de manera tal que duren un día o menos.

Una de las recomendaciones originales era que las tareas tuvieran una duración aproximada de entre 4 y 16 horas (Schwaber & Beedle , 2001). La idea detrás de esta recomendación se fundamenta en el balance entre visibilidad y sobrecarga administrativa: si las tareas son muy granulares, el esfuerzo para gestionarlas es demasiado alto; si son de gran tamaño, no se logra visibilizar el avance lo suficiente.

Actualmente existe una corriente de pensamiento y acción que fomenta una desagregación de tareas hasta llegar a una duración de un día o menos. Si se garantizan tareas de no más de un día y si el equipo se reunirá cada día para sincronizarse, cuando se registra una misma tarea en progreso durante 2 días seguidos es una posible señal de demora, en tanto está requiriendo más de un día en ser finalizada.

Para este segmento de la reunión de planificación, se suele recomendar el uso de dos dinámicas de facilitación: mapas mentales (*mindmapping*) e identificación silenciosa de tareas (*silent tasking*) (Adkins, Coaching Agile Teams, 2010). Mi sugerencia es que el equipo pueda experimentar y encontrar la mejor opción para ellos. Siempre habrá una retrospectiva al final del camino para inspeccionar y adaptar.

Diseño marco

Durante la búsqueda de tareas y la planificación del *sprint* surge la necesidad de diseñar lo que se hará. Lo importante en este punto es que el diseño se centre, exclusivamente, en lo que atañe al nuevo *sprint* y no se extienda más allá de lo que se ha comprometido. Todo diseño en este momento es un acuerdo y no un compromiso rígido. Si el resultado de esta conversación de diseño necesita cambios durante la ejecución del *sprint*, es importante que los mismos se visibilicen al resto del equipo.

Retrospectiva de planificación

Como siempre, al finalizar una reunión, recomiendo realizar una pequeña retrospectiva rápida que brinde información para mejorar la dinámica de la reunión, la agenda, la logística, etc. Para ello, se puede utilizar alguna de las dinámicas mencionadas en el capítulo 6, para facilitar la retrospectiva de una reunión de inicio de proyecto.

Facilitación del Daily Scrum

El objetivo buscado a través de las reuniones diarias es promover la comunicación y la transparencia dentro del equipo, lo cual facilita la coordinación de acciones entre sus integrantes y el conocimiento de los niveles de dependencia de las actividades que realizan.

En estas reuniones, también se fortalecen y explicitan los compromisos asumidos entre los miembros del equipo y se explicitan los impedimentos que surgen del trabajo que se está realizando, los cuales, muchas veces, impiden el logro de los objetivos planteados (Alaimo, 2013).

El mecanismo para llevar adelante estas reuniones es muy simple: los integrantes del equipo se encuentran todos los días durante de 15 minutos, no más. Cada uno de los miembros responde en voz alta tres preguntas:

1. ¿Qué hice desde la última reunión diaria hasta ahora?
2. ¿Qué voy a hacer antes de la próxima reunión diaria?
3. ¿Cuáles son los impedimentos que no me permiten avanzar?

Compromisos asumidos y Rendición de cuentas

Los compromisos tienen dos caras: para que haya un compromiso tiene que haber, por lo menos, alguien que se compromete y alguien que recibe (o no) el objeto del compromiso.

Tanto los pedidos como las ofertas son semillas para la generación de acuerdos entre las personas. Cuando yo ofrezco algo y tú lo aceptas, entonces hay un compromiso mío para contigo. A la inversa, cuando yo hago un pedido y tú lo aceptas, entonces hay un compromiso de tu parte hacia mí.

(Alaimo, 2013)

Cada vez que un miembro del equipo cuenta qué es lo que hará antes de la próxima reunión diaria, asume un nuevo compromiso. De esta manera, día tras día, los integrantes asumen sus compromisos para con el resto de los presentes.

Los equipos ágiles saludables experimentan la presión de pares. En estos equipos, todos los miembros se han comprometido a completar ciertos trabajos juntos. Esto hace que el trabajo y las personas sean interdependientes y responsables entre sí (Adkins, Coaching Agile Teams, 2010).

Cuando un integrante del equipo cuenta lo que hizo entre una reunión y la otra, lo esperable es que coincida con lo que dijo que iba a hacer. Si no es así, entonces hay cierta contradicción con los compromisos asumidos. Si durante varios días seguidos un miembro de equipo no hace lo que dijo que iba a hacer, esto se toma como señal de alarma que deberá ser comunicada y resuelta por el mismo equipo. El rol del facilitador, en estos momentos, es ser catalizador pero nunca el controlador.

Visibilidad

En 1995 di uno de mis primeros pasos en desarrollo web. Era algo muy incipiente, una novedad total. Un canal de televisión nos contrató para publicar su calendario de programación en su sitio web. Al poco tiempo de iniciar el proyecto, recuerdo haber pasado una noche entera aprendiendo a dibujar en una página web la tabla de programación que se leía desde una base de datos.

Cuando, al otro día, llegué a la oficina emocionado por mi logro, me enteré que otro de mis compañeros también había estado sin dormir, resolviendo el mismo problema.

¿Te ha sucedido que, estando en el mismo proyecto que tu vecino de escritorio, no sabes en qué está trabajando? ¿Y te ha pasado que te enfrentas a un problema que alguien ya resolvió pero, como no lo sabes, dedicas tiempo a resolverlo a tu modo? ¿Y que alguien aborde un problema que ya has resuelto y ninguno de los dos se enteran hasta muy tarde?

Bueno, estas son las situaciones que la reunión diaria pretende resolver a través de la visibilidad.

Reunirse tan sólo 15 minutos al día y, si es posible menos, ayuda a hacer visibles los compromisos, los impedimentos y el trabajo compartido. De esta manera, se trabaja como un equipo sincronizado, se minimizan los riesgos de re-trabajo y, a la vez, se maximizan las posibilidades de colaboración.

Inspección y adaptación

La posibilidad de inspección y adaptación en periodos cortos de tiempo es lo que permite a los equipos ágiles reaccionar a los cambios de contexto y a los imprevistos de manera rápida, mientras el costo y el impacto todavía son pequeños.

Los equipos ágiles utilizan estos periodos de inspección y adaptación en varios niveles e instancias del proceso de trabajo. Una de estas instancias es, precisamente, la reunión diaria.

Revisar el contexto -qué hicimos, qué estamos haciendo, qué haremos, cuáles son los impedimentos- de forma periódica y frecuente, permite que un equipo ágil re-planifique su trabajo en tiempo real y, así, adaptarse día a día a las circunstancias reinantes.

Foco y Time-boxing

Durante la reunión diaria, el facilitador se ocupa de que el equipo este enfocado en las cuestiones que hacen a dicha reunión. Algunos indicios de que el foco está en otro lado son: las conversaciones en paralelo; más de una persona hablando a la vez; discusiones de temas que no tienen que ver con el trabajo que se está haciendo; el intento por resolver problemas durante la reunión, etc.

Una técnica eficiente para fomentar el foco y el *time-boxing* durante la reunión diaria es el uso del *token,* un elemento cualquiera como una pelota anti estrés, un marcador, el taco de notas autoadhesivas, un cuaderno, etc. El *token* se pasa de persona en persona y sólo aquella que lo tiene en sus manos puede hablar. Cuando finaliza, pasa el *token* a la próxima persona y así sucesivamente.

Como hemos visto en páginas anteriores, un cronómetro visible también ayuda a los miembros de un equipo ágil a gestionar eficientemente el tiempo disponible y fomenta, que lleguen a la reunión diaria preparados, en lugar de improvisar al momento de hablar.

Realizar la reunión diaria frente al panel de actividades (*taskboard*) ayuda a mantener el foco y promueve la visibilidad a partir del movimiento de las notas autoadhesivas a medida que se conversa. También contribuye a fortalecer el compromiso y genera mucha satisfacción cuando se observa una tarea finalizada.

Remoción de impedimentos

Todos los impedimentos que surgen durante la reunión diaria se convierten en responsabilidad del facilitador: es importante resolverlos lo antes posible[2].

Excepto los impedimentos técnicos -de los cuales los miembros del equipo son los responsables directos-, el facilitador se lleva de una reunión diaria los impedimentos a resolver.

Una forma muy utilizada por los equipos para visibilizar el progreso de la solución de impedimentos es tener una pizarra de impedimentos. Para ello, se utiliza el formato de panel de actividades presentado en capítulos anteriores o el *taskboard* que muchos equipos utilizan para tener una visión del trabajo durante el *sprint*.

En este sentido, considero que el facilitador tiene que participar activamente hacia el final de la reunión diaria respondiendo, las siguientes preguntas:

- ¿Sobre cuáles impedimentos trabajé desde la última reunión diaria?
- ¿En cuáles trabajaré antes de la próxima reunión diaria?
- ¿Cuáles son los impedimentos sobre los cuales me está constando avanzar y por qué?

Lo que una reunión diaria no es

En muchas oportunidades la reunión diaria se confunde con otro tipo de reuniones, ya sea por falta de conocimiento o por apego al pasado. A continuación, presento una serie de reuniones en las que puede devenir una diaria si no se está atento a ello.

Un reporte de estado

Considero que una reunión diaria se trasnformó en un reporte de estado cuando veo que todos los integrantes del equipo le hablan a una sola persona: el facilitador. Todos se reúnen y miran al facilitador al tiempo que le cuentan lo que hicieron, lo que harán y los impedimentos que no les permiten avanzar.

Este tipo de reuniones diarias no fomenta la conversación ni la sincronización entre los miembros del equipo. Sólo sirven para que el facilitador esté enterado del trabajo de cada uno. Esto se agrava cuando el facilitador toma nota de lo que dice cada persona para que "quede la evidencia". Desde mi punto de vista, esta es una clara señal de un contexto en el que falta confianza.

Otro agravante durante la reunión diaria se produce cuando el facilitador o una persona externa al equipo, pide explicaciones sobre las razones por las que se está o no haciendo tal o cual cosa.

Recomendaciones para el facilitador:

- Evitar hacer contacto visual con quien está hablando. Esto lo incitará a buscar contacto visual con otros miembros del equipo.
- Ubicarse fuera del círculo formado por los participantes. De esta manera, se queda fuera del campo visual de muchos y refuerza la naturaleza de esta reunión: del equipo para el equipo.
- Evitar tomar notas. Si se necesita evidencias de lo hablado, que el *taskboard* sea el principal apoyo.
- Los de afuera son de palo. Evitar la intervención de personas externas al equipo. Para ello, se pueden mantener reuniones con estas personas antes de su participación como oyentes, haciendo especial énfasis en qué se espera y qué no se espera de ellos.

Una oportunidad para cambiar el alcance del *sprint*

El alcance del *sprint* es el trabajo que el equipo se comprometió a realizar en la reunión de planificación. En muchas oportunidades, especialmente cuando un equipo es nuevo en el uso de Metodologías ágiles, se intenta cambiar el alcance durante su ejecución. Esto es algo que el facilitador debe evitar. El alcance acordado se mantiene durante todo el *sprint* y no se debe alterar.

El cambio de alcance durante el *sprint* es síntoma de falta de claridad en la visión del producto, de ausencia de objetivo del *sprint* o de prioridades del *product backlog* sin establecer.

La forma más usada para intentar introducir cambios de alcance durante un *sprint* es, justamente, la reunión diaria. Suele suceder algo así: al inicio de la reunión, el facilitador cuenta una nueva característica del producto o servicio que se necesita incorporar en ese *sprint* y pregunta: ¿qué características de las ya comprometidas se podría sacar para poder incluir esta? Muchas veces los miembros del equipo quieren saber más sobre modificación a realizar para poder dimensionarla. Y así, los 15 minutos de la reunión diaria terminan siendo empleados para otra cosa.

Recomendaciones para el facilitador:

- Asegurarse que el equipo usa los 15 minutos sólo para lograr el objetivo de la reunión diaria: sincronizarse como equipo.
- Evitar los cambios de alcance durante un *sprint*.
- Si el cambio de alcance es inevitable, convocar una reunión aparte entre el equipo y el *product owner* para evaluar la cancelación del *sprint* actual y el comienzo de uno nuevo con el alcance requerido.
- Si estas situaciones se repiten, ayudar al *product owner* a establecer las prioridades y la generación de acuerdos con los *stakeholders*.
- Si estas situaciones siguen apareciendo, evaluar la duración actual de los *sprints*, tal vez debería ser menor. La regla de oro es: a mayor incertidumbre y volatilidad, *sprints* más cortos.

Una discusión técnica

Las discusiones técnicas suelen ser uno de los problemas más habituales que hacen que los 15 minutos de la reunión diaria no se puedan utilizar eficientemente.

No hace mucho tiempo estaba presenciando una reunión diaria mantenida por un equipo de cinco personas. Cuando llegó su turno, uno de ellos hizo un comentario sobre un impedimento técnico y otra persona le preguntó para saber más al respecto. A los pocos segundos esa conversación se había tornado en una discusión constructiva sobre cómo resolver dicho impedimento. A los pocos minutos, el resto de los integrantes del equipo miraban el techo, mientras los otros dos seguían conversando sobre la mejor solución técnica para esa problemática. Se necesitan muy pocas reuniones diarias de esta naturaleza para que, quienes quedan fuera de esas conversaciones, las empiecen a considerar una pérdida de tiempo.

Recomendaciones para el facilitador:

- Asegurar que exista una única conversación durante la reunión diaria. Si surgen varias conversaciones en paralelo, solicitar silencio, recordar el objetivo e invitar a que se continúe con una única conversación.
- Si aparecen impedimentos técnicos y alguien manifiesta la intensión de colaborar en la solución o quiere conocer más acerca del problema, proponerle a los involucrados que mantengan esa conversación fuera del espacio asignado a la reunión diaria. Por ejemplo, pueden conversar al respecto apenas termine la reunión o en el momento del día que ellos acuerden.

Una oportunidad de comando y control

- ¿Y qué pasó con eso que dijiste ayer que ibas a hacer?
- ¿Ya pudiste resolver ese impedimento?
- ¿Por qué razón vas a comenzar a hacer eso?
- ¿Por qué, mejor, no haces tal otra cosa?

- Hoy deberías comenzar con tal tema.

Todas estas son preguntas y expresiones que un facilitador puede llegar a decir y así, sin darse cuenta, transforma la reunión diaria en una de comando y control.

Es importante recordar que esta reunión tiene como objetivo que el equipo se sincronice. Lo ideal sería que este tipo de preguntas, reclamos y sugerencias sean hechas por los mismos integrantes del equipo (presión de a pares) fuera de la reunión diaria.

Contrarrestando el aburrimiento

No te alarmes si al cabo de unos meses la reunión diaria se torna aburrida. Muchas veces es porque se vuelve monótona y predecible y los miembros del equipo dejan de percibir el valor que tiene. A continuación, comparto algunas estrategias para probar en estas situaciones.

Cambiar las preguntas

Muchos facilitadores apelan a recordar de memoria las tres preguntas de la reunión diaria, perdiendo de vista su razón de ser. En su lugar, recuerda el espíritu que vive detrás de cada pregunta. Eso permitirá probar con otras que fomenten el mismo enfoque y no se desvíen del objetivo de la reunión. Por ejemplo:

1. ¿Qué compromisos cumplí?
2. ¿A qué me comprometo?
3. ¿Qué impedimentos tengo?

Otra alternativa:

1. ¿Qué aprendí con lo que hice desde la última reunión?
2. ¿Qué es lo que me motiva a hacer aquello que haré antes de la próxima reunión?
3. ¿Qué impedimentos tengo?

O, también:

1. ¿Qué satisfacciones e insatisfacciones tuve desde la última reunión diaria a ésta?
2. ¿Qué haré antes de la próxima reunión?
3. Del 1 al 10, ¿qué probabilidad creo que tenemos de lograr el objetivo del *sprint*?

Cambiar el orden

Un factor que puede contribuir a la sensación de monotonía en la reunión diaria es mantener el mismo orden de intervención de los participantes, por ejemplo, según el sentido de las agujas del reloj. Si a esto se suma cierta tendencia que tenemos las personas a ubicarnos día tras día en los mismos lugares, se genera un contexto predecible y repetitivo.

Para alterar este comportamiento recomiendo modificar ese orden, aunque parezca algo demasiado obvio o sutil. También se puede probar con el uso de un *token* que habilite a los participantes a hablar. Cuando el participante que tiene el *token* termina su intervención, en lugar de pasárselo a la persona que está su lado, elije quien continúa, le entrega el elemento e inmediatamente da un paso hacia atrás, sin romper el círculo. Y así con cada integrante del equipo.

Una alternativa diferente y que agrega algo de diversión a la reunión, es colocar papeles con los nombres de los participantes en un recipiente (un lapicero, una bolsa, etc.) y sacar de a un nombre por vez para intervenir.

Busca concreción

Otro factor que contribuye al aburrimiento durante las reuniones diarias es la falta de concreción de los participantes. Para quienes somos ansiosos, resulta terriblemente frustrante escuchar a personas que les cuesta expresarse de manera concreta. La mayoría de los ejemplos que recuerdo estaban precedidos por la persona pensando qué decir durante su turno.

Para minimizar este comportamiento, se fomentar el hábito de prepara la información antes de la reunión. Pensar "Qué es lo que voy a decir" lleva sólo 5 minutos.

Una alternativa que he visto usar en algunos equipos, es un *token* de alrededor de 3kg., por ejemplo, una mancuerna o una pelota de rehabilitación. La persona al que le toca el *token* lo sostiene con sus brazos extendidos hacia adelante y el tiempo que tiene para hablar es el tiempo que puede resistir en esa posición (Cohn, 2012). Si bien es una estrategia que puede resultar divertida, no estoy de acuerdo con el uso de prácticas que puedan significar un castigo para las personas del equipo. Por esta razón, recomiendo utilizarla sólo con el consentimiento y el acuerdo de todos los participantes.

Fomenta la colaboración

— *Desde la última reunión diaria hasta ahora estuve lijando las patas de la silla. Antes de la próxima reunión voy a estar encolando las patas con el asiento. No tengo ningún impedimento — dijo el carpintero.*

— *Yo estuve viendo colores de telas para los sillones. Antes de la próxima reunión voy a elegir el color. El impedimento que tengo es que no hay disponibilidad de la gama de colores necesaria hasta el próximo mes. — dijo la tapicera.*

— *Yo estuve tomando las medidas del hall principal. Antes de la próxima reunión voy a calcular la cantidad de pintura. El impedimento que tengo es que no sabemos si la pintura es mate o satinada — dijo el pintor.*

— *Yo estuve lijando los marcos de las ventanas. Antes de la próxima reunión voy a soldar los arcos de las puertas principales. No tengo impedimentos — dijo el herrero.*

¿Están colaborando entre ellos los integrantes de este equipo?

La falta de colaboración queda en evidencia en una reunión diaria cuando cada participante habla de su trabajo y es independiente del que hace el otro. Es el caso de las personas del ejemplo: cada una trabaja en un ítem del *sprint backlog*, las sillas, el tapizado, la pintura o los cerramientos.

Este comportamiento diluye el interés por el trabajo que realizan los otros y torna a la reunión diaria en algo estéril de conversación.

Este tipo de situación es síntoma de una causa más profunda. La recomendación, en este caso, es trabajar el concepto de colaboración dentro del equipo[3] y fomentar el trabajo de a dos o más miembros del equipo en cada ítem del *sprint*

backlog. De esa manera, las tareas a realizar tendrán mayor interdependencia y generará más espacios de colaboración.

Delega en otros facilitadores

Una manera entretenida y desafiante que también mantiene el interés de los integrantes del equipo es ofrecer la posibilidad que cada uno de ellos facilite una reunión diaria. En caso que quieran hacerlo, se puede realizar un sorteo para que diferentes participantes faciliten durante una semana y propongan mejoras en la dinámica de la reunión.

Esto se puede repetir semana por medio o una semana cada mes. También se puede implementar con un ritmo incremental para que, al cabo de algunos meses, sean ellos mismos los que faciliten las reuniones diarias sin necesidad de la intervención del facilitador.

La única recomendación en relación a esta propuesta es probarla después de un tiempo prudencial de funcionamiento del equipo, para esperar que hayan incorporado el ritmo y el hábito de las reuniones diarias.

Facilitación del Sprint Review

El objetivo de la reunión de revisión del *sprint* es examinar el incremento del producto o del servicio creado y, si fuera necesario, adaptar el *product backlog* (Schwaber & Sutherland, 2013).

Para que el equipo y los *stakeholders* logren este objetivo, el facilitador es responsable de promover las siguientes acciones:

- Revisar el trabajo realizado durante el *sprint*.
- Obtener *feedback* sobre el trabajo revisado.

- Modificar, si es necesario, el *product backlog* de cara a futuros *sprints*.

De esta manera, al finalizar la reunión el equipo debería contar con:

- La aceptación o el rechazo de cada uno de los ítems del *sprint backlog*.
- La verificación del cumplimiento o no, del objetivo del *sprint*.
- Un *product backlog* revisado, con nuevos ítems o ítems modificados en función del *feedback* recibido.

Anticipación

Al igual que en la mayoría de las reuniones de un equipo ágil, el trabajo del facilitador comienza de manera anticipada. Para la reunión de revisión del *sprint* la anticipación se refiere a los ítems del *sprint backlog* y a los participantes que es importante que estén presentes en dicha reunión.

Ítems terminados

Parte del trabajo que se hace durante el *sprint* es asegurar que los ítems del *sprint backlog* estén realmente terminados. El acuerdo entre el equipo y los *stakeholders* sobre lo que significa "realmente terminado" se conoce como Definición de Terminado (*Definition of Done, DoD*). Esta definición se acuerda por anticipado, tal como lo hemos visto, en el inicio del proyecto y se refina en las retrospectivas. Este acuerdo se refuerza en las reuniones de planificación de *sprint* y es un componente esencial a la hora de descomponer cada ítem del *sprint backlog* en tareas.

Una típica definición de terminado expresa:

1. Que la característica cumpla con los criterios de aceptación expresados y validados en la reunión de planificación del *sprint* junto a los *stakeholders*.
2. Que la característica haya sido verificada y probada.
3. Que la característica no haya interferido negativamente con otras características del producto o servicio.

4. Idealmente, que la característica pueda entregarse al cliente y pueda ser utilizada (Sutherland, 2014).

Asegurar que las características del incremento del producto cumplen con la definición de terminado en la reunión de revisión del *sprint,* es, también, una forma de asegurar el cumplimiento del acuerdo de calidad establecido con los clientes.

Ítems revisados por el *product owner*

Otro aspecto que ayuda a facilitar la revisión del *sprint* sin grandes sobresaltos, es que el *product owner* revise de manera anticipada las características del incremento del producto. Dicha revisión podría ser parte de la definición de terminado.

El hecho que el *product owner* verifique las características construidas y ofrezca *feedback* antes de la reunión de revisión del *sprint* fomenta la colaboración con los miembros del equipo y previene sorpresas sobre errores, malos entendidos y ajustes que podrían haberse mitigado con, tal vez, poco esfuerzo durante el *sprint.*

Participantes

Para atender las tareas correspondientes a la reunión de revisión (validar el cumplimiento del objetivo del *sprint,* obtener *feedback* sobre el incremento entregado y, eventualmente, modificar el *product backlog* a futuro), es importante que participe el equipo completo, es decir: el *product owner,* el equipo de construcción, el facilitador y los *stakeholders* (Schwaber & Sutherland, 2013).

Stakeholders

La definición presentada en la *Guía de Scrum* (Schwaber & Sutherland, 2013) no hace distinción sobre los *stakeholders* que participan en la reunión de revisión del *sprint.*

A lo largo de mi experiencia, algo que he visto repetidas veces y que considero un problema, es la presencia de *stakeholders* que no participaron en la reunión de planificación del *sprint.* Esto genera varias situaciones contraproducentes, entre ellas, hay que dedicar tiempo a:

- Explicar de qué se tratan las características entregadas.
- Informar, y a veces justificar, el objetivo del *sprint*.
- Explicar las razones detrás de los criterios de aceptación de las características.
- Justificar la razón por la cual cierta característica no es parte del compromiso del *sprint*.

Todas cuestiones que se podrían evitar si esos stakeholders hubiesen participado durante la planificación del *sprint*.

En caso de observar que hay interesados en asistir a la reunión de revisión del *sprint* que no estuvieron presentes en la reunión de planificación, es importante que antes vean los registros de aquella primera reunión (videos, gráficos, fotografías, etc.). También puede ser necesario tener una reunión previa con ellos para evacuar dudas y, así, minimizar la falta de información durante la revisión del *sprint*.

Part-timers

Además de ser una oportunidad para validar el incremento de producto o servicio y determinar la estrategia a seguir en base al *feedback* obtenido, la reunión de revisión del *sprint* tiene un segundo objetivo, algo más sutil: fomentar la responsabilidad del equipo de entregar un incremento del cual todos fueron partícipes.

El estar presentes en ese acto de entrega le da un sentido diferente al trabajo realizado por cada integrante del equipo. Por esta razón, considero importante que los miembros del equipo que trabajan *part-time* también estén presentes en la reunión de revisión. Este aspecto es algo importante de cuidar durante el tiempo que le lleve a la organización transformarse y propiciar el armado de equipos plenamente dedicados y sin perfiles *part-time*.

Storytelling

No hay nada más aburrido que una reunión de revisión de *sprint* en la que se sigue mecánicamente la lista de características construidas y se verifica cada uno de los criterios de aceptación. Apenas pasada la primera hora, los participantes comienzan a dormirse .

Para evitar que esto suceda, puedes hacer una revisión del *sprint* entretenida y atractiva, involucrando a los participantes en una especie de historia. Por ejemplo, si hubiera que revisar las nuevas características incorporadas en un proceso de inscripción de participantes a un congreso de medicina, se puede crear una historia que involucre un personaje con nombre, historia de vida, profesión e inquietudes. Veamos una posible historia para este ejemplo:

Mariano Pérez, un médico cirujano del interior del país, quiere asistir al congreso de cirugía cardiovascular y aprovechar para visitar la ciudad capital junto a su esposa y sus dos hijos.

Para eso, Mariano completa los campos tradicionales de registro en el formulario e indica, en la sección de acompañantes, que irá acompañado por una persona adulta llamada Analía Pérez y dos menores llamados Nicolás y Florencia Pérez. También indica que quiere extender su estadía por cuatro noches adicionales.

Luego de haber completado esos campos, el equipo de organización del evento cuenta con un reporte consolidado con la información de los acompañantes. Para el registro del Dr. Mariano Pérez se indica que son cuatro personas, dos adultos y dos menores: Mariano, Analía, Nicolás y Florencia que estarán hospedados durante cuatro noches posteriores al congreso.

Al entregar el listado de asistentes a la administración del hotel, ellos reservarán una habitación para cuatro personas con los nombres de los ocupantes. De esa manera, cuando el Dr. Pérez realice el registro en la recepción del hotel recibirá dos llaves electrónicas, cada una a nombre de uno de los integrantes adultos del grupo.

Lo ideal es llegar a la reunión de revisión del *sprint* con la historia armada y, en lo posible, ensayada. En este caso, el facilitador puede ayudar a los miembros del equipo y al *product owner* a idear una historia atractiva de manera anticipada.

Estructura y dinámica

Al igual que en la reunión de planificación, una vez iniciada la reunión de revisión del *sprint* el foco de la facilitación se centra en el proceso. Para que esto sea posible, es importante encargarse de hacer visibles los aspectos que se presentan a continuación.

Agenda

Una agenda que ayude a los participantes a orientarse en el tiempo y que esté a la vista de todos es útil para que la reunión de revisión sea lo más fluida posible. Resulta muy útil comenzar revisando los diferentes ítems del *sprint backlog*, es decir, las características del incremento del producto o servicio.

Hacia el final de la reunión es importante validar si todos los participantes están de acuerdo con el cumplimiento, o no, del objetivo del *sprint*.

Hay que estar alerta para evitar que una reunión de revisión se transforme, en segundos y como por arte de magia, en una reunión de planificación a futuro. Si esto sucede, se puede recordar a los participantes el objetivo principal del encuentro: revisar el incremento de producto del *sprint* que acaba de finalizar.

Parking lot

A medida que se revisan las características del nuevo incremento de producto o servicio irá surgiendo el *feedback*. Una buena práctica para que siempre esté visible para todos es registrarlo en el *parking lot*. Hacia el final de la reunión de revisión podría haber un espacio de tiempo dedicado a revisar todo el *feedback* registrado y decidir de qué manera se modifica el *product backlog* hacia el futuro.

Revisión de las características

Muchas personas conocen la reunión de revisión del *sprint* con el nombre de "reunión de demo". Nunca terminó de gustarme este nombre porque considero que da una sensación de una reunión formal, en la que el equipo le muestra el incremento de producto a un conjunto pasivo de *stakeholders* que, luego, dan su opinión.

Puede haber diferentes niveles de *feedback* en una reunión de revisión. Para analizarlos, me basaré en un ejemplo. Imaginemos que nuestro producto es una fiesta de casamiento. En este *sprint* hemos construido un incremento de producto que consta de 1) las sillas, 2) los manteles y

3) el primer plato del banquete. Ahora veamos los posibles niveles de *feedback*:

Feedback **Nivel 0**: el equipo presenta las características del nuevo incremento de producto. Con un proyector muestran los planos del diseño, las fotografías de las sillas, la descripción técnica de la composición de la tela del mantel, una foto de cerca del mantel a utilizar, la receta y el procedimiento de preparación del plato principal. Al finalizar, los *stakeholders* **opinan sobre lo que imaginaron a partir de lo visto**.

Feedback **Nivel 1**: El equipo presentan a la vez que usan las características que tiene el nuevo incremento de producto. Es decir, mientras le cuentan a los *stakeholders* las características del incremento -una silla muy cómoda y con buena altura, una textura de mantel bastante suave, un plato salado de carne tierna, etc.-, los integrantes del equipo se sientan en las sillas, usan el mantel y degustan el plato principal. Al finalizar, los *stakeholders* **opinan sobre lo que vieron y escucharon**.

Feedback **Nivel 2**: El equipo involucra a los *stakeholders* en una historia que los tiene de protagonistas y en la que usan las características del nuevo incremento de producto. Los interesados desempeñan diferentes roles en la historia: uno es el novio, otro es la novia, los demás pueden ser familiares e invitados. La sala de reunión se decora con las sillas y los manteles que van a ser evaluados. Los *stakeholders* se sientan en las sillas y tocan los manteles. A medida que los usan, opinan sobre los ajustes que harían y lo que van descubriendo. Prueban la comida (esta vez la reunión se organizó a la hora del almuerzo). Al finalizar, los *stakeholders*, **opinan sobre lo que vivieron y experimentaron**.

La meta es que la reunión de revisión del *sprint* genere y facilite un *feedback* de nivel 2. Aquí juega un papel fundamental el *storytelling* y el involucramiento de los *stakeholders* en el uso del incremento del producto.

El objetivo del *sprint*

Luego de repasar todas las características comprometidas para el incremento del producto o servicio y antes de dar por finalizada la revisión, es importante verificar si, efectivamente, se ha alcanzado el objetivo propuesto para ese *sprint*.

Rediseño del *product backlog* y del plan de entregas

El resultado de la revisión del incremento del producto o servicio puede redefinir el *product backlog* a futuro.

Hacia el final de la reunión de revisión, se aconseja revisar todo el *feed-back* registrado en el *parking lot* junto con los ajustes que se quieran realizar sobre las características futuras, producto del aprendizaje y del descubrimiento del resultado y la experiencia de uso.

Cualquier cambio que surja, podrá ser dimensionado a nivel general por los miembros del equipo para revisar y replantear probables ajustes al plan de entregas futuras. Es importante explicitar que, en esta instancia, las modificaciones en las fechas de entrega son tentativas y están sujetas a una revisión detallada a realizar por el equipo completo.

Pedido de ayuda

Un aspecto que incorporé a partir de la lectura del libro

Coaching Agile Teams de *Lyssa Adkins* y que fomento en las reuniones de revisión del *sprint* es la posibilidad de pedir ayuda a los *stakeholders*.

Lyssa propone que este sea un objetivo de toda reunión de revisión. Cuando el equipo plantea los grandes impedimentos en los que necesita ayuda, impedimentos que ningún miembro del equipo: -incluidos el *product owner* y el facilitador- pueden resolver, se puede aprovechar la revisión para pedir a las partes interesadas que ayuden a resolverlos.

Retrospectiva de planificación

Como en todas las reuniones, especialmente aquellas con

stakeholders, al finalizar recomiendo realizar una rápida retrospectiva que permita relevar mejoras a realizar en el próximo encuentro. Para ello, se puede aplicar cualquiera de las dinámicas mencionadas para la retrospectiva de la reunión de inicio del un proyecto.

Facilitación del Sprint Retrospective

Al final de cada *sprint* el equipo se reúne en una retrospectiva. Esta reunión es una oportunidad para que el equipo revise sus acciones y cree un plan de mejoras que se llevarán adelante en el próximo *sprint*. (Schwaber & Sutherland, 2013).

Para que el equipo logre su objetivo durante la retrospectiva, el facilitador es responsable de promover y facilitar las siguientes acciones:

- Revisar la forma en la que se realizó el trabajo durante el *sprint*.
- Identificar y priorizar las fortalezas y las oportunidades de mejora.
- Planificar la incorporación de mejoras en la forma en la que el equipo hace su trabajo.

Al finalizar esta reunión, el equipo debería contar con un plan de mejoras para el próximo *sprint*.

Anticipación

A esta altura del libro, se puede decir que estamos de acuerdo con la importancia que tiene anticiparse para la facilitación de todas las reuniones.

El trabajo del facilitador de una retrospectiva también comienza de manera anticipada. En este caso, el foco estará puesto en el análisis de las formas de hacer el trabajo propias del equipo.

Oportunidades de mejora

Donde haya una o más personas trabajando juntas habrá también oportunidades de mejora. Ya sea porque se podría mejorar el lugar donde se ha realizado una reunión, las sillas que el equipo utiliza, la temperatura del espacio de trabajo, la forma en la que se está realizando cierta actividad, el formato en el que llega la información a las personas o la relación que existe entre ciertas otras personas. Siempre hay mejoras posibles.

El trabajo de un facilitador de un equipo es que esas oportunidades de mejora no se pierdan de vista.

Para fomentar esta visibilidad y consideración, he visto que funciona muy bien disponer de un espacio permanente cerca del equipo en el que proponer y registrar problemas visibles y mejoras posibles. Sería una especie de buzón de sugerencias, con la variante que acá las sugerencias están a la vista de todos y que, además de sugerencias, se registran problemas sin ningún tipo de solución sugerida, lo cual permite que la propuesta emerja del equipo durante la retrospectiva.

Esto se puede realizar con una pizarra y notas autoadhesivas.

Participantes

Como el objetivo de la reunión de retrospectiva es buscar mejores formas de hacer el trabajo a futuro, es importante que participen el *product owner*, el equipo de construcción y el facilitador.

Part-timers

Como he mencionado en apartados anteriores, en una organización ágil se tiende a no tener perfiles *part-time* en los proyectos. Es decir, se evita que las personas trabajen en múltiples proyectos a la vez. Nos interesa contar con equipos cuyas personas estén muy enfocadas en un producto particular.

El camino hacia este escenario muchas veces es largo y, mientras no se logre ese objetivo, es importante aprender a convivir con perfiles *part-time*. Las personas que trabajan medio tiempo en el proyecto deben ser tenidas en cuenta al igual que los otros miembros del equipo. Participan en todas las reuniones, incluida la retrospectiva.

Product owner

La participación del *product owner* en la retrospectiva es una de las controversias más discutidas en la comunidad de ágilidad a nivel global.

Durante los primeros años de Scrum, el *product owner* no participaba en esta reunión. La reunión al final de cada *sprint* estaba reservada sólo para el equipo de trabajo y el *Scrum Master* o facilitador. La justificación de esta decisión era la necesidad de un espacio seguro y de confianza, donde el equipo pudiera expresarse libremente, sin censura ni temores.

Con el tiempo fue surgiendo una corriente de pensamiento dentro del ámbito de las Metodologías ágiles que entiende al *product owner* como parte del equipo y considera que la falta de un espacio seguro en presencia del *product owner* se debe a una falta de confianza en las relaciones entre las partes, lo cual es un impedimento a solucionar.

Yo adhiero a este último enfoque que considera al *product owner* como integrante del equipo y, por esta razón, fomento su participación en las reuniones de retrospectiva. Creo que las mejoras a futuro atañen a los miembros del equipo de trabajo, al facilitador y al *product owner*, en tanto implican un proceso de revisión y adaptación a nivel de equipo completo.

La temática

Lyssa Adkins[4] sugiere el uso de temáticas en las retrospectivas.

Para ello, el facilitador observa, durante el *sprint,* cuáles pueden ser los mayores dolores por los que está atravesando el equipo y, a medida que se acerca la retrospectiva, examina su lista de observaciones. Tal vez un tema o dos saltan a la vista. En ese caso, se puede elegir uno de ellos como tema principal de la reunión. A su vez, recomiendo que se verifique esa elección con un par de miembros del equipo y con el *product owner* para conocer sus perspectivas. ¿Qué han visto en este *sprint?* ¿Qué curiosidad tienen? ¿Qué les está molestando?

Estructura y dinámica

Una vez iniciada la retrospectiva, el foco de la facilitación se centra en el proceso conversacional. Para que esto sea posible es necesario hacer visibles los aspectos que presento a continuación.

Agenda

Si tuviéramos que elegir una única referencia al hablar de retrospectivas, para mi es el libro *Agile Retrospectives, Making Good Teams Great* de Diana Larsen y Esther Derby[5].

Las autoras proponen una agenda compuesta por cinco etapas:

1. Preparar el escenario.
2. Recabar datos.
3. Generar entendimiento profundo.
4. Decidir qué hacer.
5. Cierre.

Esta propuesta de estructura está desarrollada en el libro mencionado más arriba. Por esta razón, aquí no ahondaremos en estos temas.

Cualquiera sea la estructura de agenda que se elija, es importante que esté visible para todos. Recomiendo utilizar algún elemento, por ejemplo una nota autoadhesiva, para marcar el momento de la agenda que se está transitando.

Como ya lo he mencionado, la agenda no está tallada en piedra y, por lo tanto, no es necesario tomarla al pie de la letra. Simplemente representa un lugar seguro a donde volver si las conversaciones se van por las ramas. Una vez que la agenda esté visible, deja que la conversación haga su trabajo.

Sin importar la agenda que se haya creado, las cosas que preocupan a las personas tienden a emerger. Entonces, no es necesario preocuparse demasiado por que la agenda lo prevenga. Si los integrantes del equipo están preocupados, encontrarán la manera de hacer que esas preocupaciones afloren, sin importar lo que se haya planificado. (Adkins, Coaching Agile Teams, 2010)

He utilizado la estructura propuesta por Larsen y Derby a través de los años y, en el último tiempo, fui agregando y probando algo que me parecía que faltaba para que la retrospectiva fuera un momento de mayor consciencia del equipo: la revisión de los compromisos de mejora asumidos en retrospectivas anteriores.

El agregado que sigo haciendo, modifica la agenda de la siguiente manera:

1. Preparar el escenario.

2. **Revisión de mejoras comprometidas (nuevo).**
3. Recabar datos.
4. Generar entendimiento profundo.
5. Decidir qué hacer.
6. Cierre.

En breve contaré la importancia que, para mí, tiene la revisión de mejoras comprometidas. Antes de eso, considero necesario hacer énfasis en dos aspectos fundamentales que suelen acontecer en la preparación del escenario: reafirmar el objetivo de la retrospectiva y resaltar la directiva primaria.

Objetivo de la retrospectiva

Tal como figura al inicio de esta sección, el objetivo de una retrospectiva es que el equipo revise sus acciones y cree un plan de las mejoras que se llevarán adelante durante el próximo *sprint*.

Por más claro que esté el objetivo, muchos equipos no sólo se alejan de la agenda siguiendo sus propias preocupaciones (eso es bastante común y no es necesario prevenirlo enfáticamente), sino que también transforman la retrospectiva en otro tipo de reunión. Por ejemplo, es habitual que terminen hablando de las características del producto o servicio, como si esto fuera una revisión del *sprint*.

Para evitar que esto suceda, el primer paso es reafirmar el objetivo de la retrospectiva de manera explícita al comienzo. Se puede colocar el objetivo en una pared, de forma tal que esté visible para todos los participantes y señalarlo, cuando sea necesario invitar al equipo completo a retomarlo y reenfocar la conversación.

Directiva primaria

La *directiva primaria* es una afirmación que conduce a las personas hacia una mentalidad colaborativa. Es una creencia que el equipo sostiene durante las actividades que forman parte de la retrospectiva. (Kerth , 2001)

La directiva primaria expresa que, independientemente de lo que descubramos, entendemos y verdaderamente creamos, cada quién hizo el mejor trabajo que pudo haber hecho, dado lo que se conocía en ese momento, sus habilidades, los recursos disponibles y la situación particular.

Se puede aprovechar el inicio de la retrospectiva, es decir, la etapa de preparación del escenario, para escribir la directiva primaria de manera visible para todos los participantes y generar el compromiso verbal de todos los involucrados a respetarla y sostenerla durante la reunión.

La directiva primaria también se puede registrar de manera visible y dejarla durante toda la reunión, para ser señalada cada vez que sea necesario.

Revisión de mejoras comprometidas

Antes de comenzar a analizar el *sprint* que acaba de terminar, recomiendo dedicar un período de tiempo a revisar el resultado de las mejoras comprometidas en la retrospectiva del *sprint* anterior. Esto ayudará al equipo completo en dos aspectos:

- Corroborar la efectividad de las decisiones y las acciones escogidas para llevar adelante las mejoras.
- Reasegurar el compromiso sobre las acciones de mejora elegidas en el *sprint* anterior.

En relación al segundo punto, cuando los equipos no revisan el resultado de las acciones de mejora elegidas en el *sprint* anterior, es común que éstas pierdan relevancia. Esto lleva a todo el equipo a no mejorar de manera significativa y a que la reunión se transforme en una catarsis de problemas recurrentes.

Inspección y adaptación

Habiendo revisado las acciones pasadas y sus resultados, ahora es momento de analizar el *sprint* que está terminando para explorar puntos de mejora y de apalancamiento.

No necesito pensar mucho para, otra vez, recomendar fervientemente el libro *Agile Retrospectives, Making Good Teams Great* en el que figuran muchas técnicas y actividades para las fases restantes de la estructura propuesta para la reunión de retrospectiva:

- Recabar datos
- Generar entendimiento profundo
- Decidir qué hacer

Nueva definición de terminado

Una decisión, muchas veces olvidada en las retrospectivas, es revisar y, eventualmente, modificar la definición de terminado que tiene equipo.

Luego de cada revisión del *sprint*, se cuenta con muchísima información valiosa sobre la perspectiva de calidad que los *stakeholders* y los miembros mismos del equipo tienen del incremento de producto o servicio. La idea es capitalizar esta información y redefinir el acuerdo sobre lo que significa que algo está terminado, especialmente, en aquellos casos en los que la calidad del incremento del producto o servicio, no alcanza a cubrir el nivel esperado.

Cierre

Una vez recorrido toda la estructura de la retrospectiva, se entra en la etapa final, el cierre: una oportunidad para la mejora continua, reflexionar sobre lo que sucedió durante la reunión y expresar gratitud (Larsen & Derby, 2006).

Un espacio de agradecimiento entre los integrantes del equipo genera un final positivo de la retrospectiva. Para que esto suceda, se puede invitar a cada miembro del equipo a agradecer aquello valioso que considera que hizo el otro para ayudarlo o ayudar al equipo, tanto en la retrospectiva como durante el *sprint*.

Hacia el final, se puede dedicar unos minutos a explorar y mejorar la reunión: sería una retrospectiva de la retrospectiva. Para ello, se puede usar cualquiera de las dinámicas mencionadas para la retrospectiva de la reunión de inicio de un proyecto.

Luego de la retrospectiva

La tarea del facilitador no termina cuando finaliza la retrospectiva. Más allá del cierre temporal de ese espacio de reflexión, la responsabilidad de quien facilita continúa en el nuevo *sprint*.

Es importante y motivador que el equipo pueda ver de manera constante el avance de las tareas de mejora elegidas en la retrospectiva y comprometidas para el siguiente *sprint*. Para ello, se puede utilizar una pizarra de tareas y permitir que los miembros del equipo sean quienes la mantengan actualizada.

Esta pequeña acción contribuye a la concientización del equipo que, más allá de la creación del incremento de producto o servicio, su trabajo también es la mejora continua.

Encuentro con expertos: Hiroshi Hiromoto

Hiroshi Hiromoto es Agile Coach & Trainer en Kleer, Facilitador y Kata Geek. Además de un apasionado por la mejora continua.

@hhiroshi

En mi camino como agile coach la facilitación de retrospectivas es la actividad que más he llevado a cabo. He facilitado retrospectivas en diferentes contextos como banca, ventas, marketing, finanzas, desarrollo de software y emprendimiento; y con diferente número de participantes, desde 3 personas hasta 48 personas. Durante este recorrido he tenido múltiples aprendizajes, pero si te tuviera que compartir uno solo, escogería sin dudarlo la aplicación de *hansei*.

Hansei es una palabra japonesa cuya traducción más cercana sería introspección o reflexión. La primera vez que la escuché la palabra *hansei* fue cuando tenía 5 o 6 años aproximadamente. En esas épocas solía pasar mucho tiempo en la casa de mis abuelos (quienes son japoneses) y cada vez que me comportaba de manera incorrecta mi abuelo me decía *hansei-shinasai* (haz *hansei*), esperando a que reflexione sobre lo que acababa de hacer. Ya en mi vida escolar y universitaria dejé de frecuentar la casa de mis abuelos por lo que esa palabra se quedó guardaba en los recuerdos y no fue hasta que muchos años después, mientras leía sobre Toyota, me re-encontré con ella, explicada como un paso fundamental para la mejora.

Para entender el beneficio de hacer *hansei* en una retrospectiva, hay que entender que en la cultura japonesa *hansei* no es solo un acto individual (como el que yo realizaba de niño) sino también colectivo, en particular muchas organizaciones en Japón suelen tener algo llamado *hansei-kai*, que se podría traducir como reuniones para realizar *hansei*. En estas reuniones, se analizan las problemáticas que surgieron (a veces también se convocan por una problemática en particular) en donde cada participante reflexiona colectivamente sobre cómo pudo haber hecho las cosas para evitar la problemática independientemente de que si fuera responsable de ella o no. Y es precisamente en este punto dónde el *hansei-kai* difiere de las usuales reuniones post-mortem que solemos tener.

Para explicarlo de forma más clara voy a contarles una anécdota de un amigo que trabaja en una empresa de desarrollo de software en Japón.

En uno de los productos que estaban desarrollando surgió un grave problema en producción que evitaba que la tercera parte de sus usuarios pudieran acceder a la aplicación. Luego de resolver el incidente, el jefe del equipo convocó una *hansei-kai*. Una vez que estaban todos reunidos, comenzó la reunión con el jefe haciendo un breve resumen sobre el incidente y luego preguntó en qué cree que falló cada uno y cómo podría evitarlo en el futuro. A partir de la pregunta cada miembro del equipo comenzó a responder desde su perspectiva (sin culpar a nadie, sin dar excusas). Al final de la reunión el jefe anotó las lecciones aprendidas y las mandó por e-mail cerrando la sesión.

¿Y cómo esto aplica a la retrospectivas? Pues si recordamos que el propósito de una retrospectiva es que el equipo reflexione sobre cómo ser más efectivo para a continuación ajustar y perfeccionar su comportamiento en consecuencia (principio ágil), *hansei* es una forma muy efectiva de generar esa reflexión evitando caer en anti-patrones comunes como son el victimismo o el juego de la culpa, y por otro lado reforzar el pensamiento de que "en este equipo, ningún problema es el problema de otra persona".

Así que te invito que en tu próxima retrospectiva, al momento de analizar un problema, invites a los participantes a pensar en ¿Cómo pudiera haber actuado yo para evitar ese problema?

8

EL APRENDIZAJE DEL FACILITADOR

Uno de los recuerdos más preciados de mi infancia es el de mi primer vuelo en avión. Tenía 7 años y estaba con mi padre viendo a los aviones despegar y aterrizar en el aeropuerto local de la ciudad. Lo siguiente que recuerdo es a mi padre comprando un ticket de ida y vuelta en el mismo día hacia a una ciudad cercana. Había decidido regalarme esa experiencia por el sólo hecho de la experiencia en sí.

Hicimos el vuelo. Todo el paseo, ida y vuelta, habrá durado unas cuatro horas. Bajé de ese avión decidido a ser piloto.

Pasó el tiempo y durante el último año de la escuela media hice averiguaciones para ingresar a la carrera de Ingeniería Aeronáutica. El programa de la carrera tenía materias tales como Aerodinámica, Propulsión, Mecánica del vuelo, Reglamentación del vuelo, etc. Fue amor a primera vista.

Me enteré que había una charla de orientación en una de las universidades que dictaban esa carrera y decidí participar. En la charla se trataron muchos temas interesantes y, hacia el final, me entrevisté con uno de los Ingenieros Aeronáuticos egresados de años anteriores.

Inmensa fue mi sorpresa cuando descubrí que ese Ingeniero Aeronáutico no sabía volar un avión. Pero cómo, ¿los Ingenieros Aeronáuticos no saben volar? La respuesta a esta pregunta fue "no necesariamente". Algunos, por su propia cuenta, realizan la formación como Piloto de Avión, que es completamente independiente de la formación en Ingeniería Aeronáutica.

Cuando supe esto decidí no seguir esa carrera: yo quería ser Piloto de Avión. Sin embargo, una pregunta quedó dando vueltas en mi cabeza: ¿Cómo puede ser que un Ingeniero Aeronáutico no sepa volar un avión, siendo que tiene tanto conocimiento sobre la materia?

Años más tarde, mientras efectivamente me formaba como piloto, descubrí la respuesta a esta pregunta: conocer algo no implica saber hacerlo.

Lo aprendí durante la segunda sesión de vuelo. En la primera sesión, el instructor había conducido el aterrizaje y, en aquella ocasión, me adelantó que la próxima vez sería mi turno.

Tenía muy pocos días e investigué cómo ocurría el aterrizaje de un avión. En definitiva, es un tema aerodinámico, un proceso en donde el piloto modifica la actitud del avión (ángulo de ataque de las alas), pasando desde una actitud *nariz abajo* a una actitud *nariz arriba* que se dará en el momento en que las ruedas toquen la pista. Durante ese proceso, la aeronave pierde velocidad y, por ende, sustentación, hasta quedar afirmada únicamente en sus ruedas. Con bastante más detalle que el que cuento aquí, me presenté a mi segunda sesión de vuelo, habiendo estudiado a fondo todo el proceso de aterrizaje.

Subimos a mil pies de altura (aproximadamente 300 metros) y comenzamos a hacer maniobras de vuelo. Luego de una hora de trabajo, el instructor me indicó que pusiera proa al aeropuerto de salida: iba a hacer mi primer aterrizaje. Fueron aproximadamente unos 10 minutos de vuelo hasta que llegamos al aeropuerto. Durante ese trayecto fui repasando mental y detalladamente todo el proceso de aterrizaje que había estudiado. Me sentí confiado, recordaba todos y cada uno de los pasos. Estaba preparado... O eso es lo que creía yo.

Alineé el avión con la pista y comencé el descenso. La velocidad estaba dentro de los parámetros esperados. Cada vez más cerca de lograrlo, superé el umbral de la pista y las ruedas ya estaban a menos de dos metros de altura. Era hora de comenzar a cambiar progresivamente la actitud del avión para ir perdiendo velocidad y sustentación.

Así lo hice: levanté la nariz del avión y el avión subió ¿cómo que subió!!?? Entonces bajé la nariz, gané velocidad, ¡no! Levanté la nariz. El avión vuelve a subir. ¡No! Más abajo y más velocidad. Esta vez le pegué con las ruedas al piso y reboté como una pelota de básquet. Volvió a subir, volvió a bajar, y volví a rebotar. Mientras tanto el avión comenzó a ladearse hacia la izquierda. Por lo que, al rebotar por tercera vez, pegó primero la rueda izquierda y luego la derecha. Para ese punto creo que había perdido el control por completo. El instructor sentado a mi lado tomó los mandos de la aeronave y en cinco segundos la niveló y aterrizó acariciando la pista.

Pero... ¡¿qué me había pasado?! Tuve una experiencia de aprendizaje de primera mano: conocer algo, en mi caso cómo se realiza el aterrizaje de un avión, no garantiza saber hacer eso, es decir, saber aterrizar un avión de manera efectiva.

Conocer algo no implica
saber hacerlo.

Para saber hacer se requiere atravesar un proceso de aprendizaje que va más allá del simple conocimiento de la materia e implica la práctica continua y el desarrollo de las propias habilidades.

Este proceso es necesario en todas las disciplinas, incluida la facilitación.

La propuesta de este capítulo es explorar un posible proceso de aprendizaje para luego aplicarlo a la facilitación de un equipo ágil.

De Novato a Experto

Así como un piloto de avión se transforma en experto a través de la práctica, un facilitador de equipos ágiles también recorre ese camino. Veamos el modelo para el desarrollo de habilidades que presenta Dreyfus (Dreyfus & Dreyfus, 1986). Este modelo presenta los diferentes estadios de un proceso de aprendizaje.

E **tapa 1: Novato**
El proceso de aprendizaje comienza con el aprendiz siguiendo al pie de la letra las reglas que un instructor ha sistematizado y transmitido. Tendrá interacción con diferentes elementos útiles para su tarea, pero éstos han sido presentados aislados del contexto, y como un conjunto de reglas y pautas pre-determinadas para realizar una acción más allá de las variables externas. De esta manera, el novato conceptualiza y comienza a operar de manera simple y directa, sin demasiadas complicaciones.

El piloto de avión novato se acerca al suelo durante el aterrizaje y jala del comando para levantar la nariz. Algo que para su instinto en ese punto del aprendizaje podría manifestarse como una contradicción (quiero bajar pero en vez de eso levanto la nariz del avión). Prestará atención a la velocidad, al mando del avión, al indicador de posición de los *flaps*. No sabrá cuánto levantar la nariz, en qué preciso momento ni con qué rapidez hacerlo. Solo lo hace porque hay un instructor a su lado que le va dando las indicaciones. Algunos pilotos novatos, inclusive, empujan el comando del avión para bajar la nariz, lo que les resulta instintivo, pero que muchas veces termina en un accidente si el instructor está distraído.

El facilitador de equipos ágiles novato utiliza las técnicas y herramientas tal cual se las han presentado; sigue la agenda de las reuniones al pie de la letra, sin desviarse ni un ápice de lo preestablecido. En muchas ocasiones, sigue su instinto y sin darse cuenta toma partido haciendo intervenciones en el contenido de las conversaciones y las decisiones de los equipos. En este momento de su proceso de aprendizaje, no necesariamente tiene en cuenta la información del contexto para modificar la práctica.

E tapa 2: Principiante Avanzado

En la medida en que el aprendiz novato vivencia situaciones reales, comienza a identificar aspectos adicionales significativos para cada situación. Al pasar por varias experiencias similares, el aprendiz incorpora esos aspectos situacionales como parámetros que pueden ser tenidos en cuenta para modificar la práctica.

El piloto de avión principiante avanzado incorpora la actitud del avión a un determinado régimen de vueltas de la hélice como un indicativo de aceleración o desaceleración del aeroplano.

El facilitador de equipos ágiles en su etapa de principiante avanzado comienza a identificar aspectos situacionales como el ánimo de las personas, las emociones, los gestos y los diferentes tipos de conversaciones como indicadores de la necesidad de cambiar el rumbo de la agenda o de las actividades y actúa en consecuencia.

El principiante avanzado reconoce que necesita el acompañamiento cercano de un mentor y que, en caso de quedar solo, puede verse envuelto en situaciones que aún no sabe cómo resolverlas.

E tapa 3: Competente

Al desarrollar su experiencia aumenta la capacidad del facilitador para identificar cada vez más variables situacionales. Tarde o temprano, la cantidad de aspectos situacionales en juego se torna abrumadora para la persona que está recorriendo el proceso de aprendizaje. En ese momento puede cuestionarse su capacidad para dominarlas a todas.

Al aceptar su limitación, el principiante avanzado desarrolla la capacidad de priorización situacional: en una determinada situación, identifica cuáles son los factores importantes y cuáles son aquellos que puede ignorar. Al restringir la cantidad de variables, acelera la toma de decisiones para elaborar un plan de acción y lo lleva adelante.

Cuando un piloto de avión competente está aterrizando es capaz de identificar la dirección del viento, la posición horizontal y vertical de su avión con respecto a la senda de planeo hacia la pista, su velocidad, etc. Con base en estos parámetros decidirá si quita o no potencia, levanta o baja la nariz del avión, incrementa o reduce los grados de *flaps*. Se sentirá aliviado si el avión corrige su ángulo y velocidad de aproximación y alterado si no lo hace.

El facilitador de equipos ágiles competente, durante una reunión de planificación de sprint, es capaz de identificar los estados de ánimo de los *stakeholders* y los miembros del equipo, la confianza que el equipo tiene para lograr sus compromisos, el nivel de presión que los *stakeholders* están generando, el tiempo que toman las conversaciones, el nivel de involucramiento general de los participantes, etc. De esta manera, decide si aumenta o reduce el ritmo, si invita o no a una pausa, si propone profundizar o no alguno de los temas, si genera una puesta en común o una nueva instancia de divergencia, etc. Se sentirá aliviado si sus acciones generan los resultados esperados y se verá alterado si no lo hacen.

En esta etapa, el aprendiz competente logra desempeñarse en situaciones normales o esperables. No es capaz aún de hacer frente a situaciones inesperadas o de emergencia. Un ejemplo de esto es cuando un instructor de vuelo le dice a su alumno: "en el caso de una emergencia real, el avión es mío". Esto ocurre hasta que el aprendiz de vuelo alcanza un nivel de destreza significativo.

En este punto del proceso de aprendizaje, los Dreyfus hacen una distinción clave que va a determinar el futuro del aprendiz sobre el proceso que está realizando:

1. Si el aprendiz se compromete emocionalmente cada vez más con la tarea, se alejará de esa actitud desapegada del contexto

en la que el foco estaba en seguir las reglas. Esto implica que la persona esté en una mejor posición para un mayor desarrollo de las habilidades.

2. Si el aprendiz se inhibe por la responsabilidad que conlleva tomar riesgos, se podrá estancar en su proceso de aprendizaje.

Etapa 4: Diestro

El aprendiz competente se ha comprometido emocionalmente con la actividad. En este punto del proceso de aprendizaje, la intuición comienza a reemplazar a la teoría. Los Dreyfus son radicales en este aspecto: la destreza parece desarrollarse solo si la experiencia se asimila en forma práctica y la intuición reemplaza a las respuestas razonadas.

La acción se hace más fácil y menos preocupante. Quien aprende comienza a identificar lo que hay que lograr en lugar de lo que hay que hacer. Ya no se sumerge en un proceso lógico de evaluación de variables y en tomas de decisiones razonadas. En esta etapa del aprendizaje comienzan a disiparse las dudas sobre qué tan correcto es lo que se pretende hacer.

Aquí el aprendiz intuye lo que hay que lograr y luego recurre a las diferentes opciones de acción para elegir la que le parece más adecuada.

El piloto de avión diestro intuye que su velocidad de aproximación es demasiado baja. Entonces elige conscientemente si bajar la nariz del avión o aplicar potencia.

El facilitador diestro detecta las conversaciones que no se están teniendo o los conflictos subyacentes en las interacciones entre los miembros del equipo, y entre ellos y los *stakeholders*. De esa manera, decide el ritmo, la forma y las actividades que incluirá durante la facilitación.

. . .

Etapa 5: Experto

El experto simplemente sabe qué hacer. Además de detectar intuitivamente una situación, también intuye las acciones que son necesarias.

Los Dreyfus dicen que para el experto, lo que se debe hacer simplemente se hace.

El piloto de avión experto responde intuitivamente a una ráfaga de viento que lo toma por sorpresa durante el aterrizaje. La aeronave se mueve para un lado y para el otro mientras el piloto experto acciona los comandos con frenesí, pero con un semblante de tranquilidad en su cara y su cuerpo relajado. Para el piloto experto, esa situación simplemente se resuelve. Muchas veces sin poder explicar cómo lo hizo.

El facilitador experto ha incorporado esta disciplina como parte de su acción y, al haber expandido sus capacidades, facilita reuniones, conversaciones y procesos de toma de decisiones, a la vez que detecta cuándo, cómo y dónde intervenir de manera intuitiva.

Autoevaluación

A partir de los diferentes niveles del proceso de aprendizaje propuesto por los Dreyfus, presento un modelo de autoevaluación. La propuesta es que lo utilices a lo largo de tu carrera como facilitador de equipos ágiles.

La autoevaluación está dividida en diferentes áreas a considerar y explorar:

- Responsabilidades del facilitador de equipos ágiles.
- Diseño y estructura de las reuniones.
- Documentación y facilitación gráfica.
- Facilitación de procesos colaborativos.
- Facilitación del inicio de un proyecto ágil.
- Facilitación de la planificación del *sprint*.
- Facilitación de la reunión diaria.

- Facilitación de la revisión del *sprint*.
- Facilitación de la retrospectiva.

Cada una de estas áreas se divide en diferentes aspectos.

La propuesta es que asignes un número del 0 al 5 a cada aspecto según el nivel del proceso de aprendizaje en el que consideras que estás con relación a dicho aspecto. Puedes hacerlo con un círculo en el número que escoges para cada afirmación: [1 | 2 | 3 | 4 | 5]

Luego de asignar los valores, será necesario que calcules el promedio correspondiente a cada área.

Ese promedio indicará el estadio del proceso de aprendizaje en el que te encuentras respecto a esa determinada área de la facilitación.

Recomiendo tener esta referencia cerca mientras realizas la autoevaluación:

0: Ignorante

No tengo conocimiento alguno sobre este aspecto ni entiendo a qué se refiere.

1: Novato

Sólo me considero capaz de desempeñarme en este aspecto si sigo las instrucciones. El grado de autonomía que tengo en este dominio es nulo. Dependo de las guías con pasos que indican cómo proceder.

2: Principiante Avanzado

Estoy desarrollando las capacidades necesarias en este dominio. Soy consciente de que aún no puedo desempeñarme efectivamente. El grado de autonomía que tengo es limitado.

3: Competente

Me siento cómodo pero busco supervisión frente a situaciones inesperadas o de emergencia. Salvando estos casos especiales, puedo responsabilizarme de las situaciones de forma autónoma.

4: **Diestro**

Soy autónomo, no necesito guía directa o supervisión. Estoy familiarizado con los desafíos que pueden presentarse. Sé cómo anticiparme y cómo tratarlos cuando aparecen. Soy considerado un referente por aquellos que no se desempeñan en este dominio. Produzco resultados. Actúo con un pequeño grado de deliberación, podría decir que mi hacer es un fluir. Sólo las situaciones inesperadas interrumpen ese fluir. He desarrollado un sentido de responsabilidad por mis acciones y por el producto de ellas.

5: **Experto**

Me desempeño con poca o ninguna deliberación. Mis acciones parecen una danza. Existe poca interrupción y cuando se presentan desafíos inesperados, tengo recursos a la mano. Establezco estándares de desempeño en el dominio y mis acciones son imitadas por otros. Además de hacer lo que es necesario hacer, le agrego a mi trabajo mi propio estilo personal.

Responsabilidades del facilitador de equipos ágiles

[1 | 2 | 3 | 4 | 5] Honro el diálogo sobre el monólogo, el intercambio de ideas y que las conversaciones grupales mantengan su sentido.

[1 | 2 | 3 | 4 | 5] Ayudo a los participantes con el establecimiento y respeto de sus acuerdos de trabajo.

[1 | 2 | 3 | 4 | 5] Descompongo tópicos grandes o complejos en otros más pequeños y gestionables.

[1 | 2 | 3 | 4 | 5] Acompaño a los participantes a navegar los conflictos que se plantean en el equipo.

[1 | 2 | 3 | 4 | 5] Coordino las conversaciones, especialmente aquellas con muchos participantes, para que no pierdan su fluidez, mantengan el sentido y logren los resultados propuestos.

[1 | 2 | 3 | 4 | 5] Cada vez que el aporte de un participante no resulta claro para el resto del equipo, parafraseo y lo ayudo a clarificar su mensaje.

[1 | 2 | 3 | 4 | 5] Utilizo *flipcharts*, láminas, dibujos y otros recursos para hacer visible la información y el proceso de toma de decisiones.

[1 | 2 | 3 | 4 | 5] Ofrezco un espacio adecuado, de confianza y con las características requeridas para llevar a cabo las dinámicas de trabajo seleccionadas para cada situación.

[1 | 2 | 3 | 4 | 5] Estoy atento a las emociones de los participantes y a los cambios en el estado de ánimo del equipo.

[1 | 2 | 3 | 4 | 5] Me anticipo a las reuniones de equipo, genero actividades de conexión, identifico posibles dinámicas de trabajo y establezco una agenda acorde al tipo de reunión y a los temas a tratar.

[1 | 2 | 3 | 4 | 5] Procuro las condiciones espaciales óptimas y los recursos necesarios para las reuniones de equipo.

[1 | 2 | 3 | 4 | 5] Comunico explícitamente mi cambio de rol si en algún momento creo necesario intervenir en el contenido o en el resultado de las conversaciones de equipo.

[1 | 2 | 3 | 4 | 5] Delego la facilitación en otra persona si veo que intervengo demasiado seguido en el contenido o en el resultado de las conversaciones del equipo.

[1 | 2 | 3 | 4 | 5] Genero un espacio en el que todos los participantes tengan la oportunidad de expresarse y chequeo que los demás los hayan escuchado y comprendido.

[1 | 2 | 3 | 4 | 5] Fomento en los participantes el uso de todos los recursos disponibles a la hora de facilitar una conversación grupal: *flipcharts*, notas autoadhesivas, hojas, cintas, etc.

[1 | 2 | 3 | 4 | 5] Utilizo todo el espacio disponible a la hora de facilitar una conversación grupal: los participantes se paran, dibujan, se agrupan, comparten conclusiones, utilizan láminas, etc.

{ 1 | 2 | 3 | 4 | 5 } Dejo evidencias atractivas de las reuniones y conversaciones que facilito.

Promedio: [____]

Diseño y estructura de las reuniones

{ 1 | 2 | 3 | 4 | 5 } Realizo una investigación previa para identificar las necesidades reales del equipo.

{ 1 | 2 | 3 | 4 | 5 } Presento una agenda y una serie de dinámicas que todos los miembros del equipo entienden y conocen.

{ 1 | 2 | 3 | 4 | 5 } Ayudo al equipo para que sus reuniones y conversaciones tengan un objetivo claro, el cual es conocido por todos.

{ 1 | 2 | 3 | 4 | 5 } Hago visible la agenda y el progreso de las reuniones de manera tal que los participantes sepan siempre dónde están parados, los temas que hemos tratado y lo que resta por hacer.

{ 1 | 2 | 3 | 4 | 5 } Me desvío de la agenda de las reuniones si considero que es necesario hacerlo. Sé cuándo abandonarla y cuándo retomarla.

{ 1 | 2 | 3 | 4 | 5 } Mantengo el foco de las conversaciones y separo los temas emergentes para tratarlos al final de la reunión o en otro momento.

{ 1 | 2 | 3 | 4 | 5 } Doy importancia suficiente al cierre de las reuniones de forma que los participantes se retiran empoderados y motivados a la acción.

Promedio: [____]

Documentación y Facilitación Gráfica

{ 1 | 2 | 3 | 4 | 5 } Diferencio la documentación de la facilitación gráfica y utilizo cada una de ellas cuando son necesarias y pertinentes.

{ 1 | 2 | 3 | 4 | 5 } Utilizo diferentes elementos gráficos para maximizar la comprensión de la conversación y las posibilidades de lograr interpretaciones compartidas.

[1 | 2 | 3 | 4 | 5] Hago representaciones gráficas sencillas y de manera rápida que facilitan la lectura y comprensión de los temas que se están tratando en la reunión.

[1 | 2 | 3 | 4 | 5] Luego de finalizar, hago llegar la evidencia gráfica (minutas visuales) como un elemento diferenciador de las reuniones que facilito.

Promedio: [____]

Facilitación de Procesos Colaborativos

[1 | 2 | 3 | 4 | 5] Facilito procesos complejos de toma de decisiones participativa.

[1 | 2 | 3 | 4 | 5] Diferencio las fases de divergencia, de quejidos y de convergencia en un proceso de toma de decisiones participativa.

[1 | 2 | 3 | 4 | 5] Utilizo diferentes herramientas para fomentar la participación durante la fase de divergencia.

[1 | 2 | 3 | 4 | 5] Utilizo herramientas y técnicas para facilitar la conversación durante la fase de quejidos.

[1 | 2 | 3 | 4 | 5] Utilizo herramientas y técnicas de toma de decisiones y elecciones para facilitar la etapa de convergencia de los equipos.

[1 | 2 | 3 | 4 | 5] Facilito la elaboración de acuerdos compartidos luego de un proceso de toma de decisiones participativa.

Promedio: [____]

Facilitación del Inicio de un Proyecto Ágil

[1 | 2 | 3 | 4 | 5] Genero convocatorias atractivas e invitaciones efectivas para las reuniones de inicio de proyectos ágiles.

[1 | 2 | 3 | 4 | 5] Me ocupo de que todos los participantes claves estén presentes en la reunión de inicio del proyecto y los ayudo, si es necesario, para que esto suceda.

[1 | 2 | 3 | 4 | 5] Elevo la conciencia sobre la importancia de la puntualidad en la reunión de inicio.

[1 | 2 | 3 | 4 | 5] Pongo a disposición de los equipos herramientas y técnicas que los ayuden a establecer objetivos claros y una visión compartida sobre lo que hay que lograr.

[1 | 2 | 3 | 4 | 5] Utilizo dinámicas que ayudan a los participantes a identificar la comunidad de *stakeholders* del proyecto que se está iniciando.

[1 | 2 | 3 | 4 | 5] Brindo a los participantes herramientas para aclarar y definir el producto o servicio que se pretende construir.

[1 | 2 | 3 | 4 | 5] Facilito la identificación del alcance de alto nivel (lo que hay que hacer y lo que no hay que hacer).

[1 | 2 | 3 | 4 | 5] Transmito técnicas y herramientas que permiten asociar las características del producto o servicio con los objetivos de negocio.

[1 | 2 | 3 | 4 | 5] Ayudo a todos los participantes para que se retiren de la reunión de inicio del proyecto con un entendimiento claro y compartido sobre las prioridades del alcance.

[1 | 2 | 3 | 4 | 5] Promuevo conversaciones entre los participantes para identificar riesgos, dimensionar el trabajo y acordar las expectativas de calidad de los entregables.

[1 | 2 | 3 | 4 | 5] Planifico espacios de reflexión para mejorar día a día en caso de que los talleres duren varias jornadas.

Promedio: [____]

Facilitación de la planificación del *sprint*

[1 | 2 | 3 | 4 | 5] Trabajo de cerca con el *product owner* para construir un *backlog* detallado, estimado, emergente y priorizado (DEEP).

[1 | 2 | 3 | 4 | 5] Busco elevar la consciencia del PO para que los ítems de mayor prioridad del *product backlog* cumplan con las características INVEST: independientes, negociables, valorables por el negocio, estimables, pequeños y verificables.

[1 | 2 | 3 | 4 | 5] Ayudo al PO para que los ítems del *product backlog* que se presentan en la planificación de un *sprint* cumplan con el criterio de listo (*DoR*).

[1 | 2 | 3 | 4 | 5] Dedico tiempo para que todas las personas necesarias para planificar un *sprint* participen de la reunión de planificación.

[1 | 2 | 3 | 4 | 5] Me ocupo de que el *product backlog* quede disponible para que los *stakeholders* y todo el equipo pueda consultarlo en cualquier momento.

[1 | 2 | 3 | 4 | 5] Promuevo la importancia de que cada *sprint* tenga un objetivo claro y conocido por todos.

[1 | 2 | 3 | 4 | 5] Promuevo el diálogo entre *stakeholders* y equipo hasta que arriban a un entendimiento compartido sobre los compromisos del sprint.

[1 | 2 | 3 | 4 | 5] Ayudo al equipo a descomponer cada ítem del *product backlog* en tareas y a crear un plan de alto nivel para el *sprint*.

[1 | 2 | 3 | 4 | 5] Concientizo al equipo sobre la importancia que tiene poder comenzar cada *sprint* con un diseño y un acuerdo de alto nivel.

Promedio: [____]

Facilitación de la reunión diaria

[1 | 2 | 3 | 4 | 5] Promuevo un espacio para el entendimiento mutuo y la sincronización durante las reuniones diarias.

[1 | 2 | 3 | 4 | 5] Preparo dinámicas que ayuden a los miembros del equipo a mantener el foco durante la reunión.

[1 | 2 | 3 | 4 | 5] Cuido que se cumpla el time-box durante la reunión diaria.

[1 | 2 | 3 | 4 | 5] Intervengo cuando es necesario para evitar que la reunión se convierta en un reporte de estado.

[1 | 2 | 3 | 4 | 5] Me ocupo de generar conciencia en el equipo sobre el inconveniente de alterar el alcance de sprint durante la reunión diaria.

[1 | 2 | 3 | 4 | 5] Me ocupo de generar reuniones diarias entretenidas, variadas y atractivas para los miembros del equipo.

Promedio: [____]

Facilitación de la revisión del *sprint*

[1 | 2 | 3 | 4 | 5] Ayudo a los miembros del equipo para que los ítems del *product backlog* que se presentan en la revisión del *sprint* cumplan con la definición de terminado (*DoD*).

[1 | 2 | 3 | 4 | 5] Procuro que el *product owner* revise de los ítems del *product backlog* antes de la reunión de revisión.

[1 | 2 | 3 | 4 | 5] Dedico tiempo para que todas las personas necesarias para revisar el *sprint* participen de la reunión de revisión.

[1 | 2 | 3 | 4 | 5] Me ocupo de que las reuniones de revisión del *sprint* sean entretenidas y atractivas para todos los participantes.

[1 | 2 | 3 | 4 | 5] Promuevo el involucramiento de los *stakeholders* proponiendo el uso del producto o del servicio durante la reunión de revisión del *sprint*.

[1 | 2 | 3 | 4 | 5] Aliento la expresión de los pedidos de ayuda que el equipo necesita hacer a los *stakeholders* durante las reuniones de planificación o de revisión del *sprint*.

[1 | 2 | 3 | 4 | 5] Me aseguro que se tenga en cuenta el objetivo del *sprint* a la hora de revisar su resultado.

Promedio: [____]

Facilitación de la retrospectiva

[1 | 2 | 3 | 4 | 5] Incentivo al equipo para que anticipe la detección de oportunidades de mejora antes de cada retrospectiva.

[1 | 2 | 3 | 4 | 5] Dedico tiempo para que todas las personas necesarias participen de la retrospectiva.

[1 | 2 | 3 | 4 | 5] Genero un ambiente de confianza, apertura y respeto durante las retrospectivas con la intención que los integrantes del equipo puedan expresarse sin temores.

[1 | 2 | 3 | 4 | 5] Utilizo diferentes técnicas y herramientas para facilitar las retrospectivas y las cambio de una reunión a otra para evitar la monotonía.

[1 | 2 | 3 | 4 | 5] Promuevo que las mejoras comprometidas en retrospectivas anteriores sean revisadas en cada retrospectiva del equipo.

[1 | 2 | 3 | 4 | 5] Ayudo a los miembros del equipo a conocer y tener en cuenta la directiva primaria en cada retrospectiva

[1 | 2 | 3 | 4 | 5] Dedico un espacio para la revisión y, de ser necesaria, la redefinición de la definición de terminado (*DoD*) en cada retrospectiva.

[1 | 2 | 3 | 4 | 5] Me ocupo que los compromisos asumidos en cada retrospectiva queden visibles y al alcance de todos una vez terminada la reunión.

Promedio: [＿＿]

Resultado

Teniendo en cuenta los promedios de cada una de las áreas que comprende esta autoevaluación, ¿cuáles crees que son aquellas en las que necesitas desarrollar más tus habilidades?

Te recomiendo completar esta auto-evaluación al menos una vez al mes y llevar un registro de tu progreso. Si atiendes decididamente aquellas áreas que crees que debes mejorar, antes de lo que te imagines estarás desempeñándote como facilitador diestro o experto de equipos ágiles.

9

CIERRE

El próximo paso

Este libro está dedicado al primer paso en el desarrollo profesional de un coach en Agilidad Empresarial que, precisamente, es facilitar equipos ágiles.

Tal como se explicó en el prólogo de este libro, la concepción de carrera propuesta está inspirada en el camino de desarrollo[1] propuesto por el Consorcio Internacional para la Agilidad (ICAgile) según la cual, el facilitador de equipos ágiles puede facilitar uno o dos equipos ágiles y no está calificado para llevar adelante una iniciativa de adopción o de transformación Ágil.

Según como concibo el camino profesional en esta disciplina, se abren aquí dos sendas de desarrollo: una es hacia el coach ágil y la otra hacia el entrenador ágil.

Desarrollo hacia el coaching ágil

El próximo paso del camino hacia el coaching ágil comprende la transformación de un facilitador de equipos ágiles en un coach. Un coach ágil es un facilitador que ha alcanzado un nivel experto y, al mismo tiempo, ha desarrollado habilidades de coaching profesional. El coach ágil trabaja con múltiples equipos, y pone en marcha nuevos, ofrece *mentoring* a facilitadores de equipos ágiles y promueve una mirada más amplia de la organización.

Desarrollo hacia el entrenamiento y formación ágil

Este camino comprende la evolución del facilitador experto de equipos ágiles que ha desarrollado habilidades de formación de adultos, se formó en educación participativa y maneja grandes grupos de aprendizaje.

Ambos rumbos serán tratados en profundidad en los sucesivos volúmenes de esta colección.

Antes de finalizar este primer volumen, quisiera compartir un fragmento del libro *Las enseñanzas de Don Juan* de Carlos Castaneda, que ha marcado mi vida profesional luego de haber conocido la agilidad y el coaching. Este pasaje se conoce como "Un camino con corazón" y dice así:

"... *Cualquier cosa es un camino entre cantidades de caminos. Por eso debes tener siempre presente que un camino es sólo un camino. Si sientes que no deberías seguirlo, no debes seguir en él bajo ninguna condición. Para tener esa claridad debes llevar una vida disciplinada. Sólo entonces sabrás que un camino es nada más un camino, y no hay afrenta, ni para ti ni para otros, en dejarlo si eso es lo que tu corazón te dice. (...)*

Mira cada camino de cerca y con intención. Pruébalo tantas veces como consideres necesario. Luego hazte a ti mismo, y a ti solo, una pregunta:

¿Tiene corazón este camino?

Si tiene, el camino es bueno; si no, de nada sirve. Todos los caminos son lo mismo, no llevan a ninguna parte. Son caminos que van por el matorral. Ningún camino lleva a ninguna parte, pero uno tiene corazón y el otro no. Uno hace gozoso el viaje; mientras lo sigas, eres uno con él. El otro te hará maldecir tu vida. Uno te hace fuerte; el otro te debilita.

El problema es que nadie se hace la pregunta, y cuando por fin se da cuenta de que ha tomado un camino sin corazón, el camino está ya a punto de matarlo. Un camino sin corazón nunca se puede disfrutar. Hay que trabajar duro tan sólo para tomarlo. En ese punto pocas personas pueden parar a pensar y dejar el camino.

En cambio, un camino con corazón es fácil: no te hace trabajar por tomarle gusto. Para mí existe solamente el viajar por caminos con corazón, en cualquier camino que pueda tener corazón. Por ahí viajo, y el único desafío que vale la pena es atravesarlo en toda su longitud. Y por ahí viajo, buscando, buscando, sin aliento".

E ntonces, facilitador y facilitadora de equipos ágiles, que tienes intención de seguir el camino hacia el coaching en Agilidad Empresarial, te invito a formularte, siempre que puedas, esta pregunta:

¿Tiene corazón este camino?

¡Gracias por haber llegado hasta aquí!

Martín.

ACERCA DEL AUTOR

Martín Alaimo es formador y consultor dedicado a la agilidad de negocio y creación de productos. Por más de 15 años ha acompañado a empresas y profesionales del conocimiento en su camino de transformación hacia la Agilidad para el desarrollo y oferta de productos digitales. Desde 2009 ha tenido la fortuna de entrenar a más de 6.000 profesionales en América Latina, asesorar a empresas en 7 países de la región y publicar 4 libros acerca de los beneficios de la Agilidad y el Coaching Ágil en la innovación digital.

Podes encontrarlo en hola@martinalaimo.com

📷 instagram.com/martinalaimo
▶️ youtube.com/martinalaimotv
f facebook.com/martinalaimo

BIBLIOGRAFÍA

Adkins, L. (2010). *Coaching Agile Teams*. Addison-Wesley Professional.

Adzic, G. (2012). *Impact Mapping: Making a big impact with software products and projects*. Provoking Thoughts.

Alaimo, M. (2013). *Equipos Más Productivos*. Kleer.

Alaimo, M., & Salias, M. (2015). *Proyectos Ágiles con Scrum: Flexibilidad, aprendizaje, innovación y colaboración en contextos complejos* (2 ed.). Kleer.

Behrens, P. (2011). *Applying to Become a CSC*. Obtenido de Scrum Alliance: https://www.scrumalliance.org/community/articles/2011/september/applying-to-become-a-csc

Block, P. (1993). *Stewardship: Choosing Service Over Self Interest*.

Bressen, T. (2005-2007). *Group Facilitation Premier*. Eugene, OR: www.treegroup.info.

Cohn, M. (2005). *Agile Estimating and Planning*. Prentice Hall PTR.

Cohn, M. (2012). *A Weighty Matter for the Daily Scrum*. Obtenido de Mountain Goat Software: http://www.mountaingoatsoftware.com/blog/weighty-matter-daily-scrum

Cohn, M. (s.f.). *Sprint Planning Meeting.* Obtenido de Mountain Goat Software: https://www.mountaingoatsoftware.com/agile/scrum/sprint-planning-meeting

DeMarco, T. (1987). *Peopleware: Productive Projects and Teams.* Addison-Wesley Professional.

Deza, M., & Deza, E. (2009). *Encyclopedia of Distances.*

Doran, G. (1981). There's a S.M.A.R.T. way to write management's goals and objectives. *Management Review, 70*(11), 35–36.

Dreyfus, H., & Dreyfus, S. (1986). *Mind over machine: The power of human intuition and expertise in the era of the computer.* Free Press.

Greenleaf, R. (1991). *The Servant as Leader.*

Hiromoto, H. (s.f.). Obtenido de Scrum Orgánico: http://www.scrumorganico.com

Hohmann , L. (2006). *Innovation Games: Creating Breakthrough Products Through Collaborative Play.* Addison-Wesley Professional.

Kaner, S. (2007). *Facilitator's Guide to Participatory Decision-Making* (2nd Edition ed.). Jossey-Bass.

Kerth , N. L. (2001). *Project Retrospectives: A Handbook for Team Reviews.* Dorset House.

King, B. (1998). *The Idea Edge.*

Kofman , F. (2013). *Conscious Business.* Sounds True.

Laloux, F. (2014). *Reinventing Organizations.* Nelson Parker.

Larsen, D., & Derby, E. (2006). *Agile Retrospectives: Making Good Teams Great.*

McKergow, M. (2014). *Host.* Solutions Books.

Moore, G. (2006). *Crossing the Chasm.* HarperBusiness.

Nielsen, L. (s.f.). *Personas.* Obtenido de Interaction Design Foundation: https://www.interaction-design.org/literature/book/the-encyclopediaof-human-computer-interaction-2nd-ed/personas

Olalla, J. (2000). *Lingüística de Emociones y Estados de Ánimo.* The Newfield Network.

Owen, H. (2008). *Open Space Technology: A User's Guide.*

Patton, J. (2008). *The new user story backlog is a map.* Obtenido de Agile Product Design: http://www.agileproductdesign.com/blog/the_new_backlog.html

Patton, J., & Economy, P. (2014). *User Story Mapping: Discover the Whole Story, Build the Right Product.* O'Reilly Media.

Pichler, R. (2010). *Agile Product Management with Scrum.* Addison-Wesley Professional.

PMI. (2013). *PMBOK® guide.* (5, Ed.) Project Management Institute.

Rasmusson, J. (2010). *The Agile Samurai.* Pragmatic Bookshelf.

Schein, E. (2010). *Organizational Culture and Leadership.* Jossey-Bass.

Schwaber, K., & Beedle , M. (2001). *Agile Software Development with Scrum.* Pearson.

Schwaber, K., & Sutherland, J. (July de 2013). *Scrum Guide.* Obtenido de Scrum Guides: http://www.scrumguides.org/

Schwarz , R. (2002). *The Skilled Facilitator.* Jossey-Bass.

Senge, P. (2012). *La Quinta Disciplina.* Granica.

Spears, L. (2000). On Character and Servant-Leadership: Ten Characteristics of Effective, Caring Leaders. *Concepts & Connections, 8(3).*

Sutherland, J. (2014). *Definition of Done.* Obtenido de Scrum Inc.: https://www.scruminc.com/definition-of-done/

Sutherland, J. (2014). *Definition Of Ready.* Obtenido de Scrum Inc.: http://www.scruminc.com/definition-of-ready/

Ulwick, A. (2005). *What Customers Want.* McGraw-Hill Education.

Wake, B. (17 de Agosto de 2003). *INVEST in good stories and SMART tasks*. Obtenido de XP123: Exploring Extreme Programming: http://xp123.com/articles/invest-in-good-stories-and-smart-tasks/

NOTAS

1. Introducción

1. http://www.scrumalliance.org
2. http://www.coachfederation.org/
3. No necesariamente se tiene jerarquía en todos los casos (es el caso de las aulas en ronda que incluye alumnos y docente/s y la palabra democratizadora de la retrospectiva.
4. https://www.icagile.com/files/2014.AgileCoaching.pdf
5. http://www.agilecoachinginstitute.com/coaching-courses-industry-certifications/
6. https://agilecoachingpath.com

2. La Facilitación

1. Director del *Brain Center for Applied Learning Research at Seattle Pacific University*.
2. Carlos Peix es uno de mis socios en Kleer. Puedes encontrarlo en twitter con el usuario @carlospeix

4. La Gráfica

1. Autor desconocido. Si lo conoces, por favor, envíame sus datos así lo puedo referenciar.

5. La Colaboración

1. Su denominación en inglés es: *Business as usual*.

6. La Facilitación del Inicio

1. Un sistema integral de ERP: planificación de recursos empresariales.
2. http://www.agilemanifesto.org
3. Si bien el autor utiliza la palabra *why* y la traducción literal al español sería el por qué, prefiero interpretarlo como el para qué, es decir, no estamos aquí reunidos por algo sino para algo.
4. https://www.netpromoter.com

7. La Facilitación del sprint

1. *Time-boxing* es una técnica de gestión del tiempo que consiste en definir una cantidad de tiempo limitada para realizar una tarea o tratar un tema.
2. Personalmente creo que el facilitador debe evolucionar a un rol de coach en el que no es responsable directo sino indirecto de la remoción de impedimentos. Profundizaré más sobre este tema en *coach de equipos ágiles*, el volumen 2 de esta colección de libros . Por ahora, se asume que el facilitador es responsable directo de la resolución de los impedimentos.
3. El tema de colaboración en contextos de equipo de trabajo se plantea y desarrolla con más detalle en el volumen 2 de esta serie de libros, dedicado al coach ágil.
4. Adkins, 2010. Ob Cit.
5. LARSEN, D., DERBY, E., Agile Retrospectives: Making Good Teams Great, Prag-Pub, 2006

9. Cierre

1. ICAgile – Agile Coaching Track

Made in the USA
Coppell, TX
13 July 2021